KB179655

# 프론트엔드 성능 최적화 가이드

# 프론트엔드 성능 최적화 가이드: 웹 개발 스킬을 한 단계 높여 주는

**초판 1쇄 발행** 2022년 11월 15일 **2쇄 발행** 2023년 6월 22일 **지은이** 유동균 **펴낸이** 한기성 **펴낸곳** (주)도서출판인사이트 **편집** 나수지 **영업마케팅** 김진불 **제작·관리** 이유현, 박미경 **용지** 유피에스 **인쇄·제본** 천광인쇄사 **등록번호** 제2002-000049호 **등록일자** 2002년 2월 19일 **주소** 서울특별시 마포구 연남로5길 19-5 **전화** 02-322-5143 **팩스** 02-3143-5579 **이메일** insight@insightbook.co.kr **ISBN** 978-89-6626-374-5 책값은 뒤표지에 있습니다. 잘못 만들어진 책은 바꾸어 드립니다. 이 책의 정오표는 https://blog.insightbook.co.kr에서 확인하실 수 있습니다.

프로그래밍인사이트

웹 개발 스킬을
한 단계 높여 주는

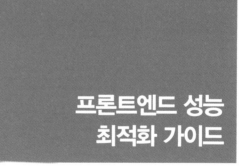

프론트엔드 성능
최적화 가이드

유동균 지음

인사이트

# 차례

## 2장　올림픽 통계 서비스 최적화 65

# 추천의 글

사용자에게 쾌적한 웹 서비스를 제공하기 위해서는 최적화가 필수지만, 성능을 저해하는 원인이 무엇인지 진단하는 것조차 쉽지 않다. 이 책은 실습을 통해 웹에서 주로 발생하는 문제 유형과 그에 대한 해결 방법을 명료하게 제시한다. 원리를 이해하여 앞으로 마주할 다양한 문제를 스스로 해결할 수 있는 역량을 기르게 해 준다. 단순한 구현을 넘어 더 완성도 높은 결과물을 만들고자 하는 분들께 이 책을 추천한다.

김성준, 네이버 엔지니어

"프론트엔드 개발자로서 한 단계 레벨 업 하고 싶다면 읽어야 할 책"
고성능 환경이 뒷받침되는 요즘, 개발자들은 서비스 성능 최적화가 중요한 줄은 알지만 뒷전으로 미루곤 한다. 이 책은 프론트엔드 성능의 중요성과 최적화 기법에 익숙하지 않은 독자들에게 길라잡이가 될 책이다. 실습을 통해 직관적으로 노하우를 전달하며, 실시간으로 최적화되는 과정을 보여 준다. 프론트엔드 개발자로서 한 단계 레벨 업을 하고 싶다면 이 책을 참고하자.

서백민, 라인플러스 프론트엔드 엔지니어

자바스크립트는 지난 10년간 무서운 속도로 발전해 왔고 여전히 빠르게 발전하고 있다. 이제 웹 브라우저에서 구현할 수 없는 것을 찾기 힘들 정도로 많은 것이 구현 가능해졌다. 그러나 성능 최적화라는 주제를 심도 있게 고민하는 개발자는 많지 않다. 결국 개발 결과물은 비대해져 사용자의 컴퓨터가 그 부담을 고스란히 받아내게 된다. 프론트엔드 개발에서 성능 최적화는 선택이 아니라 필수다. 이 책은 프론트엔드 개발자라면 한 번쯤 고민해 봤을 최적화 포인트와 해결 방법을 쉽게 설명한다. 특히 B2C 서비스를 개발하고 있다면 강력하게 추천한다.

유태규, 라인비즈플러스 엔지니어

이 책은 풍부한 예제를 통해 웹 서비스를 효과적으로 최적화하는 방법을 담고 있다. 좋은 서비스를 만들고 싶다면 PM과 디자이너뿐 아니라 엔지니어도 사용자 경험을 고려하여 개발해야 한다. 사용자에게 seamless한 경험을 선사하고 싶다면 이 책이 좋은 가이드가 될 것이다.

이준범, 해치랩스 엔지니어

"웹 성능계의 백종원 레시피 같은 실전 레시피"

흔해 보이는 음식이라도 백종원 레시피를 따라 하면 맛이 다르다. 같은 웹 사이트여도 이 책의 예제를 따라 하고 나면 잘 차려진 밥상처럼 변하는 마법 같은 책. '비슷해 보이는데 내 웹은 왜 느릴까?'라는 생각이 든다면 반드시 이 책을 맛보길 바란다. 웹 사이트가 느린 원인을 정확히 찾아 국소적인 수술을 진행할 수 있을 것이다.

이환섭, 카카오 모빌리티 프론트엔드 엔지니어

"지금껏 본 적 없는 실전 웹 페이지 분석 접근"

이론을 접할 기회는 많지만, 습득한 이론을 실제로 적용할 기회는 드물다. 이 책은 현장감이 느껴진다. 실제로 발생할 만한 상황을 예제로 하여, 더 빠르고 가벼운 웹 서비스를 만들고 싶은 웹 개발자에게 해결책을 제시한다. 책의 예제를 따라 하는 것만으로도 이미 경쟁력을 갖춘 개발자가 되어 있을 것이다.

최승진, 두나무 백엔드 엔지니어

# 지은이의 글

## 성능 최적화는 왜 필요할까?

프론트엔드라는 개발 분야가 등장한 지 꽤 오랜 시간이 지났고, 그 후 굉장히 빠르게 발전하여 지금은 웹 개발이 곧 프론트엔드라고 할 수 있을 정도로 입지가 단단해졌습니다. 2010년에는 앵귤러(AngularJS)라는 프레임워크가 등장했고, 뒤이어 2013년에 리액트(ReactJS)가 등장했습니다. 그리고 2016년에는 뷰(VueJS)가 등장했죠. 이때부터 프론트엔드 분야는 급격하게 성장했고 정말 다양한 프레임워크와 기술이 등장했습니다. 첫 등장 이후 10년 넘게 지난 지금도 프론트엔드 개발은 여전히 빠르게 발전하고 있지만, 지금까지는 사람들이 새로운 기술이 나오는 데 주목했다면 최근에는 성능 최적화라는 주제에 관심을 갖기 시작했습니다.

이러한 움직임의 선두에 있는 것은 단연 구글이라고 할 수 있습니다. 구글은 아주 오래전부터 웹 성능에 관심을 가져 왔고 성능을 높이기 위해 다양한 시도를 했습니다. 그 과정에서 Lighthouse나 AMP와 같은 기술이 나오기도 했죠. 그런데 성능이 어떤 측면에서 중요하기에 구글에서 이렇게 끊임없이 관심을 가지고 노력하는 것일까요?

구글이 주장하는 핵심은 바로 '성능이 저하되면 사용자가 떠나고 매출이 감소한다.'입니다. 반대로 말하면 성능이 향상되면 그만큼 사용자가 늘고 매출이 오른다는 뜻입니다. 구글에서 딥 러닝 기술을 이용해 페이지 로딩 속도와 이탈률 및 전환율의 관계[1]를 살펴보니 다음과 같은 결과가 나왔다고 합니다.

---

1 출처: Think with Google / SOASTA Research, 2017

페이지 표시 시간 증가에 따른 이탈률

페이지 표시 시간이 **1초에서 3초로** 느려진 경우, 사용자 이탈률 **32% 증가**

페이지 표시 시간이 **1초에서 5초로** 느려진 경우, 사용자 이탈률 **90% 증가**

페이지 표시 시간이 **1초에서 6초로** 느려진 경우, 사용자 이탈률 **106% 증가**

페이지 표시 시간이 **1초에서 10초로** 느려진 경우, 사용자 이탈률 **123% 증가**

핀터레스트는 로딩 시간을 40% 줄임으로써 검색 유입률과 가입자 수를 15% 늘렸으며, COOK은 평균 페이지 로드 시간을 850밀리초로 줄여 세션당 페이지 조회 수를 10% 늘렸고, 이탈률은 7% 감소시켰습니다.

정리해 보면 웹 성능을 최적화하면 서비스 사용자에게 더 나은 사용자 경험 (UX)를 제공할 수 있으며, 이로 인해 가입률과 전환율은 높이고 이탈률은 낮춰 더 많은 수익을 창출할 수 있습니다. 이것이 웹 성능 최적화가 중요한 이유입니다.

## 성능 최적화는 어떻게 이루어질까?

웹 성능을 결정하는 요소는 크게 로딩 성능과 렌더링 성능[2]으로 나눌 수 있습니다.

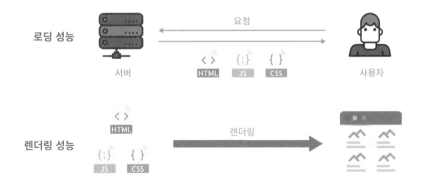

---

2  Icon made by Pixel perfect, Smashicons, prettycons, itim2101 from *www.flation.com*

### 로딩 성능

로딩 성능은 서버에 있는 웹 페이지와 웹 페이지에 필요한 기타 리소스를 다운로드할 때의 성능을 말합니다. 예를 들어 웹 페이지에 고화질 이미지가 포함되어 있을 때, 느린 인터넷 환경에서는 이 이미지가 매우 늦게 표시될 것입니다. 마찬가지로 HTML이나 자바스크립트, CSS 파일의 크기가 너무 크면 다운로드하는 데 시간이 오래 걸려 사용자에게 웹 페이지가 느리게 표시될 것입니다.

따라서 로딩 성능을 개선하는 가장 좋은 방법은 다운로드해야 하는 리소스 수를 줄이거나 크기를 줄이는 것입니다. 그 밖에는 코드를 분할하여 다운로드하거나 리소스에 우선순위를 매겨 중요한 리소스를 먼저 다운로드하는 방법이 있습니다.

### 렌더링 성능

렌더링 성능은 다운로드한 리소스를 가지고 화면을 그릴 때의 성능을 말합니다. 코드를 실행하여 화면에 보여 주는 과정을 떠올리면 됩니다. 렌더링 성능에 크게 영향을 주는 것은 자바스크립트 코드입니다. 코드를 얼마나 효율적으로 작성했느냐에 따라 화면이 그려지는 속도와 사용자 인터랙션의 자연스러운 정도가 달라집니다.

렌더링 성능을 개선하는 방법은 매우 다양하며, 서비스의 유형에 따라서도 다릅니다. 그래서 자신의 서비스에 필요한 최적화 기법을 적용하려면 브라우저의 동작 원리나 사용하는 프레임워크의 라이프사이클 등 웹 개발의 기본 지식을 이해하고 있어야 합니다.

## 이 책의 구성

이 책에서는 네 가지 실습 사이트를 통해 성능 최적화 기법을 학습합니다. 실생활에서 흔히 접하고 개발하는 서비스와 비슷한 사이트를 하나씩 분석해 보며, 다양한 상황에서 발생하는 문제점과 이를 해결하는 데 필요한 최적화 기법을 살펴봅니다. 이 과정에서 최적화 이론이나 최적화에 필요한 개발 도구도 함께 다룹니다.

## 1장 블로그 서비스

1장에서는 블로그 서비스를 분석하고 최적화합니다. 흔히 접하는 구조이지만 여기에는 다양한 최적화 포인트가 숨어 있습니다.

이 실습을 통해 다음과 같은 내용을 배웁니다.

- 크롬 개발자 도구의 Performance 패널을 이용한 분석
- 크롬 개발자 도구의 Lighthouse 패널을 이용한 분석
- 크롬 개발자 도구의 Network 패널을 이용한 분석
- webpack-bundle-analyzer를 이용한 번들 파일 분석
- 이미지 CDN을 통한 이미지 사이즈 최적화
- 코드 분할과 컴포넌트 지연 로딩
- 텍스트 압축 기법
- 병목 코드 분석과 최적화

## 2장 올림픽 통계 서비스

2장에서는 리우 올림픽과 런던 올림픽을 비교하는 설문조사 결과를 보여 주는 서비스를 분석하고 최적화합니다. 하나의 페이지로 이루어져 있지만, 모달이 숨겨져 있고 사용자 인터렉션을 통한 애니메이션이 있습니다.

이 실습을 통해 다음과 같은 내용을 배웁니다.

- 브라우저 렌더링 과정
- CSS 애니메이션 최적화
- 컴포넌트 지연 로딩
- 컴포넌트 사전 로딩
- 이미지 사전 로딩

## 3장 홈페이지

3장에서는 롱보드(Longboard)를 소개하는 홈페이지를 분석하고 최적화합니다. 홈페이지는 총 4개의 페이지로 이루어져 있고 상단 배너에서 동영상이 재생됩니다. 또한 웹 폰트가 적용되어 있습니다.

이 실습을 통해 다음과 같은 내용을 배웁니다.

- 크롬 개발자 도구의 Coverage 패널을 이용한 분석
- 이미지 지연 로딩
- 이미지 포맷 종류
- 이미지 사이즈 최적화
- 동영상 포맷 종류
- 동영상 사이즈 최적화
- 폰트 최적화
- 캐시 최적화
- 불필요한 CSS 제거

### 4장 이미지 갤러리 서비스

4장에서는 이미지 갤러리 서비스를 분석하고 최적화합니다. 이미지 갤러리에서 헤더 버튼을 누르면 이미지를 카테고리별로 필터링하여 볼 수 있고, 개별 이미지를 클릭하면 해당 이미지가 별도의 모달로 표시됩니다.

이 실습을 통해 다음과 같은 내용을 배웁니다.

- React Developer Tools 활용법
- 리액트 라이프사이클 분석 방법
- 이미지 지연 로딩
- 레이아웃 이동(Layout Shift)을 피하는 방법
- 리덕스(Redux)의 useSelector 렌더링 최적화
- 메모이제이션(memoization)의 개념과 이를 활용한 최적화
- 병목 함수 로직 개선

## 학습 자료

실습 사이트의 코드는 아래 깃허브 주소에서 다운로드할 수 있습니다.

- 1장: *https://github.com/performance-lecture/lecture-1*

- 2장: *https://github.com/performance-lecture/lecture-2*
- 3장: *https://github.com/performance-lecture/lecture-3*
- 4장: *https://github.com/performance-lecture/lecture-4*

각 실습 사이트는 Create React App을 통해 만들어졌습니다. 기본적으로 npm install로 패키지를 설치하고 npm run start로 실행할 수 있습니다. 일부 프로젝트는 API를 서버를 실행하는 명령어나 production 환경으로 실행하는 스크립트를 가지고 있습니다.

실습 스크립트에 대한 자세한 설명은 각 장을 참고하길 바랍니다.

## 리액트가 아닌 프로젝트에서는

실습 사이트는 리액트를 기반으로 만들어져 있지만, 일부 최적화 기법을 제외하면 어느 웹 프레임워크에서든 활용할 수 있습니다. 물론 문법이나 사용하는 툴이 달라 코드가 다소 다를 수 있지만, 책에서 설명하는 이론 및 개념을 응용한다면 다른 프레임워크에도 손쉽게 적용할 수 있을 것입니다. 중요한 건 단순히 최적화 코드 작성 방법을 아는 것이 아니라 문제 분석 과정과 해결 방법을 이해하고 활용하는 것입니다.

## 감사의 말

모든 일에 영감과 에너지를 주는 인생의 동반자, 한주에게 고마움을 전합니다.

# 1장

# 블로그 서비스 최적화

## 실습 내용 소개

첫 번째로 분석해 볼 서비스는 블로그 서비스입니다. 블로그 서비스는 그림 1-1과 같이 블로그 글 목록 페이지와 상세 페이지로 구성되어 있습니다.

그림 1-1 블로그 글 목록(좌), 상세 페이지(우)

단순해 보이지만 여기에는 최적화가 필요한 몇 가지 포인트가 숨어 있습니다. 블로그 서비스를 하나하나 분석하고 뜯어 보면서 최적화 이론과 기법을 배워 봅시다.

### 이 장에서 학습할 최적화 기법

이 장에서는 다음과 같은 내용을 실습합니다.

- 이미지 사이즈 최적화
- 코드 분할
- 텍스트 압축
- 병목 코드 최적화

이미지 사이즈 최적화, 코드 분할, 텍스트 압축은 로딩 성능을 최적화하는 방법이고, 병목(bottleneck) 코드 최적화는 렌더링 성능을 최적화하는 방법입니다.

### 이미지 사이즈 최적화

우리는 웹 서비스에 매우 다양한 이미지를 사용합니다. 하지만 너무 큰 사이즈의 이미지를 무분별하게 사용하면 네트워크 트래픽이 증가해 서비스 로딩이 오래 걸립니다. 그렇다고 이미지 사이즈를 무작정 작게 만들면 이미지 화질이 저하되어 서비스 이용이 불편해집니다. 따라서 어떤 이미지 사이즈가 적절한지 살펴보고, 블로그 사이트에 적용하여 성능을 높여 봅시다.

### 코드 분할

코드 분할 기법은 리액트(React) 개발자라면 한 번쯤 들어 봤을 것입니다. 말 그대로 코드를 분할하는 기법입니다. SPA(Single Page Application)의 특성상 모든 리액트 코드가 하나의 자바스크립트 파일로 번들링되어 로드되기 때문에, 첫 페이지 진입 시 당장 사용하지 않는 코드가 다소 포함되어 있습니다. 이 때 코드 분할을 통해 당장은 필요 없는 코드를 떼어 내고, 해당 코드를 필요한 시점에 따로 로드할 수 있습니다.

### 텍스트 압축

어떤 웹 페이지에 접속하면 다양한 리소스를 내려받습니다. 그중에는 HTML, CSS, 자바스크립트 등이 포함되어 있는데, 이런 리소스는 다운로드 전에 서버에서 미리 압축할 수 있습니다. 그러면 원래 사이즈보다 더 작은 사이즈로 다운로드할 수 있어 웹 페이지가 더 빠르게 로드됩니다.

### 병목 코드 최적화

어떤 웹 서비스를 개발했는데, 특정 자바스크립트 코드 때문에 서비스가 너무 느리게 다운로드되거나 느리게 실행되는 경우가 있습니다. 이때 어떤 코드가 무엇 때문에 느린지 몰라서 코드만 보며 한참을 헤매기도 합니다. 이처럼 서비스를 느리게 만드는 코드를 병목 코드라고 합니다. 이 장에서는 그런 병목 코드를 어떻게 찾아내고, 어떤 방법으로 최적화할 수 있는지 알아볼 것입니다.

### 분석 툴 소개

이번 실습에서 사용할 툴을 살펴보겠습니다.

### 크롬 개발자 도구

크롬 개발자 도구(Chrome DevTools)는 크롬 브라우저에서 제공하는 웹 개발에 도움되는 다양한 툴입니다. 앞으로 이 툴을 적극 활용하여 성능을 분석할 예정입니다. 크롬 개발자 도구를 여는 방법은 3가지가 있습니다. 첫 번째 방법은 크롬 메뉴에서 [도구 더보기] 〉 [개발자 도구]를 선택하는 방법입니다. 두 번째는 단축키를 이용한 방법으로, F12 또는 Ctrl+Shift+i(Mac에서는 Command+Option+i)를 누르는 방법입니다. 세 번째는 페이지 내 요소를 마우스 오른쪽 버튼으로 클릭하여 요소 검사(또는 검사) 메뉴를 선택하는 방법입니다. 이 방법으로 개발지 도구를 열면 해당 요소가 하이라이트된 상태로 Elements 패널이 열립니다.

### 크롬 개발자 도구의 Network 패널

웹 개발을 공부할 때 크롬 브라우저의 Network 패널을 한 번쯤 사용해 봤을 것입니다. 이 패널은 현재 웹 페이지에서 발생하는 모든 네트워크 트래픽을 상세하게 알려 줍니다. 이를 통해 어떤 리소스가 어느 시점에 로드되는지, 해당 리소스의 크기 등을 확인할 수 있습니다.

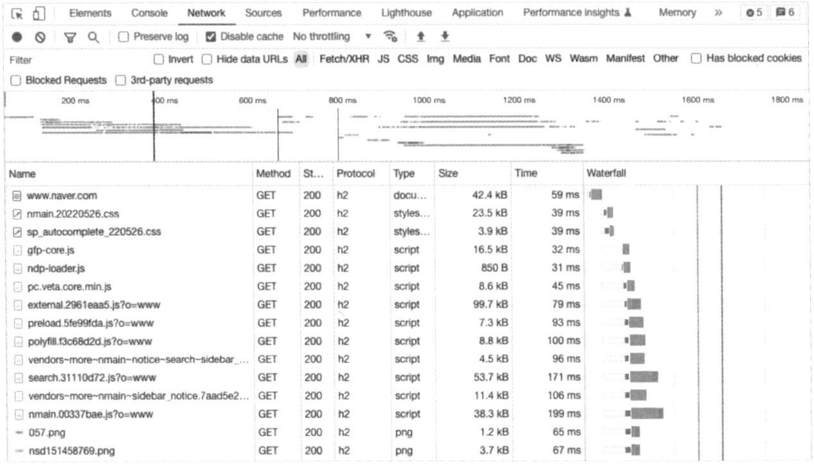

그림 1-2 네이버 메인의 네트워크 트래픽

### 크롬 개발자 도구의 Performance 패널

Performance 패널은 웹 페이지가 로드될 때, 실행되는 모든 작업을 보여 줍니다. Network 패널에서 봤던 리소스가 로드되는 타이밍뿐만 아니라, 브라우저의 메인 스레드에서 실행되는 자바스크립트를 차트 형태로 볼 수 있습니다. 따라서 이 패널을 통해 어떤 자바스크립트 코드가 느린지 확인할 수 있습니다.(그림 1-3)

### 크롬 개발자 도구의 Lighthouse 패널

Lighthouse는 구글에서 만든 툴로, 웹사이트의 성능을 측정하고 개선 방향을 제시해 주는 자동화 툴입니다. Lighthouse를 이용하여 웹사이트의 성능 점수를 측정하고 개선 가이드를 확인함으로써 어떤 부분을 중점적으로 분석하고 최적화해야 하는지 알 수 있습니다. Lighthouse는 별도로 설치해서 사용하는 프로그램이었으나, 지금은 크롬에서 자체적으로 Lighthouse 패널을 포함하여 별도의 설치 없이도 손쉽게 사용할 수 있습니다.(그림 1-4)

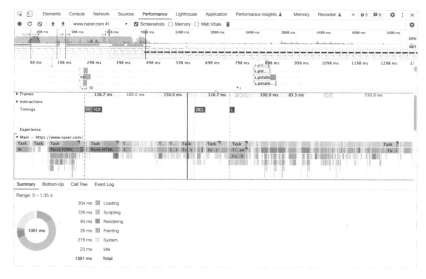

그림 1-3 네이버 메인의 Performance 분석 화면

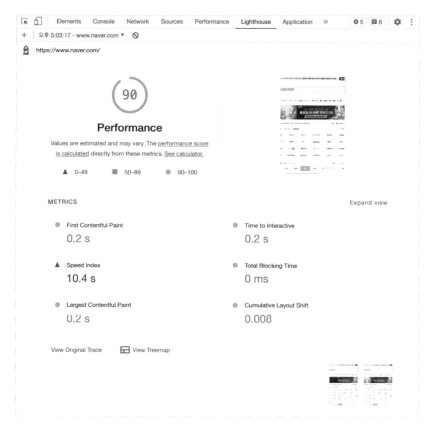

그림 1-4 네이버 메인의 Lighthouse 분석 화면

### webpack-bundle-analyzer

마지막으로 소개할 webpack-bundle-analyzer는 크롬 개발자 도구에 있는 툴이 아닌, 직접 설치해야 하는 툴입니다. 이 툴은 webpack을 통해 번들링된 파일이 어떤 코드, 즉 어떤 라이브러리를 담고 있는지 보여 줍니다. 이 툴을 사용해 최종적으로 완성된 번들 파일 중 불필요한 코드가 어떤 코드이고, 번들 파일에서 어느 정도의 비중을 차지하고 있는지 확인할 수 있습니다.

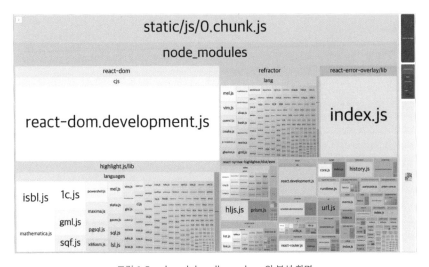

그림 1-5 webpack-bundle-analyzer의 분석 화면

## 서비스 탐색 및 코드 분석

본격적으로 코드를 다운로드하고 서비스를 살펴봅시다.

### 코드 다운로드

이 장에서 분석해 볼 웹 서비스는 다음 깃허브(Github) 주소에서 다운로드할 수 있습니다.

URL *https://github.com/performance-lecture/lecture-1*

작업할 공간에서 해당 리포지터리(repository)를 복제(clone)하면 됩니다. 브랜치는 master 브랜치에서 작업합니다.

```
$ git clone https://github.com/performance-lecture/lecture-1.git
```

**서비스 실행**

코드가 다운로드되면 다음 코드를 실행하여, 서비스 실행에 필요한 모듈을 설치해 줍니다.

```
$ npm install
```

서비스는 다음 명령어로 실행할 수 있습니다.

```
$ npm run start
```

추가로 이 서비스는 데이터를 전달받기 위한 API 서버가 필요합니다. API 서버를 실행하기 위해서는 다음과 같이 명령어를 입력하면 됩니다. 주의할 점은 위 npm run start 명령을 통해 서비스가 떠 있는 상태에서 새로운 터미널을 열고 따로 실행해야 한다는 점입니다.

```
$ npm run server
```

이렇게 두 가지 명령어를 각각 실행하면, localhost:3000에서 해당 서비스가 뜨는 것을 확인할 수 있습니다. 참고로 서비스는 3000번 포트에서 실행되고, API 서버는 5000번 포트에서 실행됩니다.

**서비스 탐색**

보다시피 이 서비스는 블로그 서비스입니다. 첫 화면에서는 타이틀과 게시물 내용 일부, 섬네일 이미지로 이루어진 블로그 글 목록 페이지를 볼 수 있습니다. 그중 하나를 클릭하면, 게시물 내용 전체를 확인할 수 있습니다. 이 상세 페이지의 내용은 위에서 npm run serve 명령어를 통해 실행한 API 서버로부터 받아 온 마크다운(markdown) 데이터이며, 라이브러리를 통해 렌더링한 것입니다.

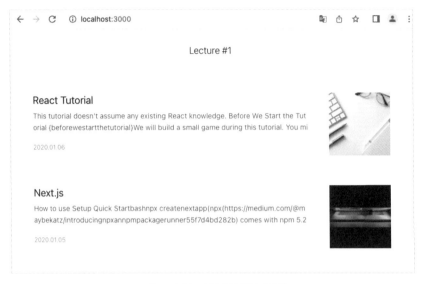

그림 1-6 블로그 서비스의 목록 페이지

이 서비스는 딱 두 종류의 페이지(목록 페이지, 상세 페이지)로 이루어져 있습니다. 하지만 여기에는 앞으로 배울 네 가지 최적화 포인트가 숨어 있습니다.

## 코드 분석

VSCode를 통해 프로젝트를 열어 봅시다. 그러면 다음과 같은 폴더 구조를 볼 수 있습니다. 각 폴더와 컴포넌트에 대해서는 주석으로 간단하게 설명했는데, 직접 파일을 열어 살펴보면 구조를 이해하는 데 더욱 도움이 될 것입니다.

```
├── public
├── server
│   ├── config.json          # API 서버를 실행할 때 필요한 옵션
│   └── database.json        # 블로그 서비스의 데이터베이스 파일
├── src
│   ├── components           # 블로그 서비스에서 사용하는 컴포넌트
│   │   ├── Article          # 목록에 있는 하나의 블로그 글 컴포넌트
│   │   │   ├── index.css
│   │   │   └── index.js
│   │   ├── ArticleList      # 블로그 글 목록 컴포넌트
│   │   │   ├── index.css
│   │   │   └── index.js
│   │   ├── Footer           # 블로그 서비스의 푸터
│   │   │   ├── index.css
│   │   │   └── index.js
```

```
│       ├── Header            # 블로그 서비스의 헤더
│       │   ├── index.css
│       │   └── index.js
│       └── markdowns         # markdown에서 사용하는 스타일 컴포넌트
│           └── CodeBlock.js  # 블로그 글에서 코드 포맷을 보여 주기 위한 컴포넌트
├── pages                     # 블로그 서비스의 페이지
│   ├── ListPage              # 블로그 글 목록 컴포넌트
│   │   ├── index.css
│   │   └── index.js
│   └── ViewPage              # 블로그 글 상세 컴포넌트
│       ├── index.css
│       └── index.js
├── templates                 # 페이지의 기본 구조를 정의한 템플릿
│   └── BasicTemplates.js
├── App.css
├── App.js
├── index.css
└── index.js
├── README.md
├── package-lock.json
├── package.json
└── yarn.lock
```

몇 가지 중요한 코드를 함께 살펴보겠습니다.

## Article 컴포넌트(src/components/Article/index.js)

```
function Article(props) {
  const createdTime = new Date(props.createdTime)
  return (
    <div className={'Article'}>
      <div className={'Article__summary'}>
        <div className={'Article__summary__title'}>{props.title}</div>
        <div className={'Article__summary__desc'}>
          {removeSpecialCharacter(props.content)}</div>
        <div className={'Article__summary__etc'}>
          {createdTime.getFullYear() +
            '.' +
            zeroPad(createdTime.getMonth() + 1, 2) +
            '.' +
            zeroPad(createdTime.getDate(), 2)}
        </div>
      </div>
      <div className={'Article__thumbnail'}>
        <img src={props.image + getParametersForUnsplash({width: 1200,
            height: 1200, quality: 80, format: 'jpg'})}
            alt="thumbnail" />
```

```
        </div>
      </div>
    )
  }
```

Article 컴포넌트의 코드입니다. 이 컴포넌트는 목록 페이지에서 블로그 글을 나열할 때 하나의 블로그 글을 렌더링하는 컴포넌트입니다. 여기서 주목할 코드는 removeSpecialCharacter 함수와 getParametersForUnsplash 함수 두 가지입니다. 파일을 직접 열어 보면 해당 함수의 로직을 볼 수 있습니다. removeSpecialCharacter 함수는 매개변수(parameter)로 넘어온 문자열에서 일부 특수 문자를 제거하는 함수로, 블로그 글에 포함된 마크다운과 관련된 특수 문자를 제거하는 용도입니다. getParametersForUnsplash는 Unsplash라는 이미지 사이트에서 이미지를 가져오는 데 필요한 옵션을 설정하는 함수입니다.

**ViewPage 컴포넌트(src/pages/ViewPage/index.js)**

```
function ViewPage(props) {
  const { id } = useParams()
  const [article, setArticle] = useState(false)

  // 게시글 가져오기
  const getArticle = useCallback(id => {
    axios.get('http://localhost:3001/articles/' + id).then(success => {
      setArticle(success.data)
    })
  }, [])

  useEffect(() => {
    getArticle(id)
  }, [getArticle, id])

  return article ? (
    <BasicTemplates>
      <div className={'ViewPage'}>
        <h1 className={'ViewPage__title'}>{article.title}</h1>
        <img className={'ViewPage__image'} src={article.image}
            alt="thumnail" />
        <div className={'ViewPage__content'}>
```

```
        <ReactMarkdown source={article.content}
                        renderers={{ code: CodeBlock }} />
      </div>
    </div>
  </BasicTemplates>
) : (
  <h1>loading...</h1>
)
}
```

ViewPage 컴포넌트의 코드입니다. 렌더링되는 JSX를 보면 ReactMarkDown이라는 컴포넌트가 있습니다. 이 컴포넌트는 react-markdown이라는 라이브러리에서 불러온 컴포넌트이고, 이름 그대로 마크다운 포맷의 문자열을 마크다운 스타일에 맞게 렌더링하는 컴포넌트입니다.

## Lighthouse 툴을 이용한 페이지 검사

### Lighthouse로 검사하기

본격적으로 서비스의 성능을 분석해 봅시다. 모든 성능 최적화 포인트를 외우고 있으면 좋겠지만, 그건 현실적으로 불가능합니다. 따라서 앞서 소개한 Lighthouse라는 툴의 도움을 받을 것입니다. Lighthouse는 그림 1-7과 같이 크롬 개발자 도구의 메뉴에서 찾을 수 있습니다.

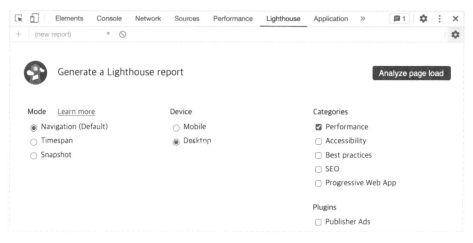

그림 1-7 Lighthouse 패널

사용법은 아주 간단합니다. Mode는 기본 값인 'Navigation'으로 설정하고, Categories 항목에서 원하는 검사 주제를 선택하면 되는데요. 여기서는 웹 페이지의 성능을 측정하는 'Performance'만 선택하여 분석을 진행합니다. 중간에 있는 Device 항목은 모바일 환경으로 검사할지, 데스크톱 환경으로 검사할지 결정합니다. 만약 'Mobile'을 선택하면, Lighthouse는 모바일 사이즈의 화면에서 좀 더 느린 CPU와 네트워크 환경으로 검사를 진행합니다. 우리는 PC 환경으로 분석할 것이므로 'Desktop'을 선택하면 됩니다.

 **Mode와 Categories 항목 값 소개**

**Mode**

- Navigation: Lighthouse의 기본 값으로, 초기 페이지 로딩 시 발생하는 성능 문제를 분석
- Timespan: 사용자가 정의한 시간 동안 발생한 성능 문제를 분석
- Snapshot: 현재 상태의 성능 문제를 분석

**Categories**

- Performance: 웹 페이지의 로딩 과정에서 발생하는 성능 문제를 분석
- Accessibility: 서비스의 사용자 접근성 문제를 분석
- Best practices: 웹사이트의 보안 측면과 웹 개발의 최신 표준에 중점을 두고 분석
- SEO: 검색 엔진에서 얼마나 잘 크롤링되고 검색 결과에 표시되는지 분석
- Progressive Web App: 서비스 워커와 오프라인 동작 등, PWA와 관련된 문제를 분석

'Performance'와 'Desktop'을 선택했다면, 오른쪽 'Analyze page load' 버튼을 클릭하여 검사를 시작합니다.

## Lighthouse 검사 결과

검사가 완료되면 그림 1-8과 같은 결과 화면을 볼 수 있습니다.

> Lighthouse 검사 결과는 검사 환경에 따라 달라질 수 있습니다. 즉, 아래 결과 이미지와 실제 실행 결과가 약간 다를 수 있으며, 책에서는 다음 결과 이미지를 기준으로 설명합니다.

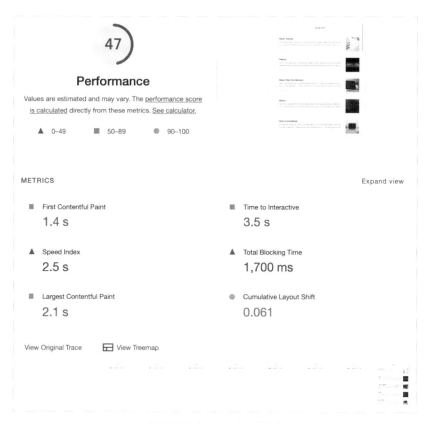

그림 1-8 Lighthouse 검사 결과 1

가장 위에 보이는 숫자 47은 Lighthouse가 측정한 이 웹 페이지의 종합 성능 점수입니다. 이 점수는 아래에 보이는 여섯 가지 지표(metrics)에 가중치를 적용해 평균 낸 점수입니다. 이러한 지표를 웹 바이탈(Web Vitals)이라고 부릅니다. Lighthouse에서 검사한 웹 바이탈을 하나씩 살펴봅시다.

### First Contentful Paint(FCP)

FCP는 페이지가 로드될 때 브라우저가 DOM 콘텐츠의 첫 번째 부분을 렌더링하는 데 걸리는 시간에 관한 지표입니다. 위 결과에서 페이지에 진입하여 첫 콘텐츠가 뜨기까지 1.4초가 걸렸음을 알 수 있습니다. FCP는 총점을 계산할 때, 10%의 가중치를 갖습니다.

### Speed Index(SI)

SI는 페이지 로드 중에 콘텐츠가 시각적으로 표시되는 속도를 나타내는 지표입니다. 이해를 돕기 위해 아래 그림을 함께 봅시다.

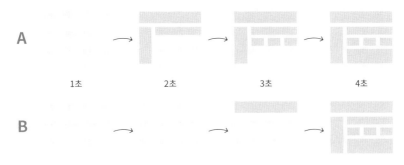

그림 1-9 Speed Index 측정 예시

A 페이지와 B 페이지를 각각 로드했을 때의 과정을 그림 1-9로 표현했습니다. 두 페이지 모두 전체 화면이 표시되는 데 4초라는 동일한 시간이 걸렸지만, A 페이지는 일부 콘텐츠가 B 페이지보다 먼저 떴음을 알 수 있습니다. 이런 경우 A 페이지가 B 페이지보다 전체적으로 더 빨리 로드된 것으로 계산되며, 더 높은 점수를 받습니다. SI는 총점을 계산할 때, 10%의 가중치를 갖습니다.

### Largest Contentful Paint(LCP)

LCP는 페이지가 로드될 때 화면 내에 있는 가장 큰 이미지나 텍스트 요소가 렌더링되기까지 걸리는 시간을 나타내는 지표입니다. 위 결과에서 페이지에 진입하여 가장 큰 콘텐츠가 뜨기까지 2.1초가 걸렸음을 알 수 있습니다. LCP는 총점을 계산할 때, 25%의 가중치를 갖습니다.

### Time to Interactive(TTI)

TTI는 사용자가 페이지와 상호 작용이 가능한 시점까지 걸리는 시간을 측정한 지표입니다. 여기서 상호 작용이란 클릭 또는 키보드 누름 같은 사용자 입력을 의미합니다. 즉, 이 시점 전까지는 화면이 보이더라도 클릭 같은 입력이 동작하지 않습니다. TTI는 총점을 계산할 때, 10%의 가중치를 갖습니다.

## Total Blocking Time(TBT)

TBT는 페이지가 클릭, 키보드 입력 등의 사용자 입력에 응답하지 않도록 차단된 시간을 총합한 지표입니다. 측정은 FCP와 TTI 사이의 시간 동안 일어나며 메인 스레드를 독점하여 다른 동작을 방해하는 작업에 걸린 시간을 총합합니다. TBT는 총점을 계산할 때, 30%의 가중치를 갖습니다.

## Cumulative Layout Shift(CLS)

CLS는 페이지 로드 과정에서 발생하는 예기치 못한 레이아웃 이동을 측정한 지표입니다. 레이아웃 이동이란 화면상에서 요소의 위치나 크기가 순간적으로 변하는 것을 말합니다. CLS는 총점을 계산할 때, 15%의 가중치를 갖습니다.

그림 1-8 하단을 보면 페이지의 스크린샷이 보이는데요. 이는 화면이 표시되는 과정을 캡처한 것입니다. Lighthouse 결과를 더 아래로 내려 보면 그림 1-10과 같이 Opportunities라는 섹션과 Diagnostics라는 섹션이 있습니다.

그림 1-10 Lighthouse 검사 결과 2

이 두 섹션은 웹 페이지의 문제점과 해결 방안, 그리고 문제를 해결함으로써 얻을 수 있는 이점이 무엇인지 보여 줍니다. Opportunities 섹션은 페이지를 더욱 빨리 로드하는 데 잠재적으로 도움되는 제안을 나열하며, Diagnostics 섹션은 로드 속도와 직접적인 관계는 없지만 성능과 관련된 기타 정보를 보여 줍니다. 따라서 이 두 섹션을 통해 해당 서비스의 어느 부분을 개선해야 성능을 향상할 수 있는지 쉽게 파악할 수 있습니다.

마지막으로 Lighthouse 결과의 가장 하단에서는 그림 1-11과 같이 검사 환경을 확인할 수 있습니다. 여기에서 주의 깊게 살펴볼 만한 항목은 Emulated Desktop과 Custom throttling입니다. 각 항목을 클릭해 보면 그림 1-12와 같이 추가적인 정보를 볼 수 있습니다.

그림 1-11 Lighthouse 검사 결과 3

그림 1-12 Emulated Desktop 추가 정보(좌), Custom throttling 추가 정보(우)

그림 1-12의 Emulated Desktop 추가 정보에서는 CPU throttling이라는 정보를 확인할 수 있는데요. 이는 기기(컴퓨터)의 CPU 성능을 어느 정도 제한하여 검사를 진행했는지를 나타냅니다. 여기서는 1x로 되어 있는 것으로 보아 CPU 성능에 제한을 두지 않고 검사했음을 알 수 있습니다. 검사 전 Device 설정을 'Desktop'이 아닌 'Mobile'로 선택했다면 1x가 아닌 4x로 표시될 것입니다. Custom throttling에는 Network throttling이라는 정보가 있습니다. 이는 네트워크 속도를 제한하여 어느 정도 고정된 네트워크 환경에서 성능을 측정했다는 의미입

니다. 여기서는 10,240Kbps로 네트워크 속도를 제한한 것을 알 수 있습니다.

이 두 가지 제한 때문에 Lighthouse 없이 그냥 페이지를 로드하는 속도보다 Lighthouse를 이용해 측정할 때 페이지 로드 속도가 더 느린 것입니다. 그리고 Lighthouse 검사 시 선택했던 Device 환경을 'Mobile'로 설정하면 더욱 제한된 환경으로 검사합니다. 모바일은 상대적으로 데스크톱보다 느리기 때문입니다.

자, 이렇게 Lighthouse를 이용하여 웹 페이지의 성능을 검사하는 법을 알아 봤습니다. 이제 Lighthouse의 검사 결과에서 제안하는 내용을 살펴보면서 어떤 부분에 문제가 있는지 하나씩 살펴보겠습니다.

## 이미지 사이즈 최적화

### 비효율적인 이미지 분석

가장 먼저 주목할 항목은 Opportunities 섹션의 첫 번째 항목인 'Properly size images'입니다. 이는 이미지를 적절한 사이즈로 사용하도록 제안합니다.

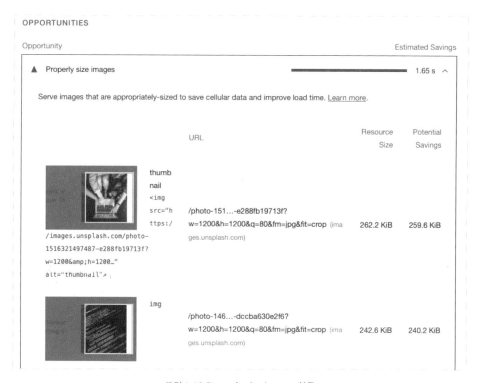

그림 1-13 Properly size images 항목

펼쳐서 내용을 살펴보면 어떤 이미지가 적절하지 않은 사이즈인지 리스트로 보여 줍니다. 그리고 이 검사 결과에서 제안하는 방법대로 이미지를 적절한 사이즈로 변경하면 용량을 이미지당 대략 200KiB[1] 정도 줄일 수 있고, 이로써 이미지 로드에 소용되는 시간을 대략 1.65초 단축할 수 있다고 합니다. 도대체 이 사이트에 포함된 이미지가 얼마나 크기에 로딩 시간을 이렇게 단축시킬 수 있는 것인지 이미지를 직접 확인해 보겠습니다.

이미지를 확인하려면 크롬 개발자 도구 중 Elements 패널로 이동해야 합니다. 그리고 개발자 도구 왼쪽 상단에 있는 ⌧ 아이콘을 클릭하면, 웹 페이지에 있는 콘텐츠 요소로 바로 찾아갈 수 있습니다. 또는 탐색을 원하는 콘텐츠 요소를 마우스 오른쪽 버튼으로 클릭한 뒤 '검사'라는 메뉴를 선택해도 해당 요소를 탐색할 수 있습니다. 이 기능을 통해 가장 위에 있는 블로그 글의 섬네일 이미지를 탐색해 봅시다. 그러면 Elements 패널에서 img 요소를 볼 수 있는데요. 커서를 src 값 위에 올려놓으면 다음과 같이 해당 이미지에 대한 정보를 확인할 수 있습니다.

그림 1-14 요소 검사를 통해 이미지 정보 확인

---

1 KiB(키비바이트/Kilo binary byte): 흔히 KB(킬로바이트)와 혼용하지만, 정확히는 KiB = $2^{10}$ (1,024), KB = $10^3$(1,000)입니다. 초기에는 1,000을 의미하는 K를 $2^{10}$과 동일하게 취급하였지만, 정확한 표현을 위해서 $2^{10}$을 뜻하는 KiB라는 단위를 만들었습니다. 컴퓨터에서 흔히 사용하는 KB 중에 사실 KiB인 것이 많습니다.

내용을 보니 실제 이미지 사이즈(Intrinsic size)는 1200×1200px인데, 화면에 그려지는 이미지의 사이즈(Rendered size)는 120×120px이라고 합니다. 그러니까 어차피 큰 사이즈의 이미지를 사용해도 1200×1200px로 표시하지 못하니, 처음부터 120×120px에 맞는 이미지를 사용하라는 뜻이죠. 그렇다면 이 이미지를 어느 정도 사이즈로 만들어서 사용해야 적절할까요?

단순히 화면에 표시되는 사이즈인 120×120px로 만들어야 한다고 생각할 수 있습니다. 물론 틀린 말은 아닙니다. 하지만 요즘 사용되는 레티나 디스플레이는 같은 공간(픽셀)에 더 많은 픽셀을 그릴 수 있기 때문에, 너비 기준으로 두 배 정도 큰 이미지를 사용하는 것이 적절합니다. 즉, 240×240px 사이즈로 사용하는 것이죠. 이제 이미지 사이즈가 필요 이상으로 크다는 것과 사이즈를 240×240px로 줄이면 최적화할 수 있다는 사실을 알았습니다. 그런데 이 이미지 사이즈는 어떻게 줄일까요?

방법을 알기 위해서는 이미지가 어디서 오는지 파악해야 합니다. 여기서 이미 알고 있는 사실이 하나 있습니다. 화면에서 보여 주는 이미지를 포함한 블로그 글 목록은 API를 통해 전달되고 있다는 것입니다. 직접 확인해 볼까요?

크롬 Network 패널로 가 봅시다. 그런 다음 새로고침을 하면 매우 다양한 리소스가 로드되는 것을 볼 수 있습니다. 그중 articles라는 리소스를 선택하면 오른쪽에서 해당 리소스에 대한 상세한 내용을 볼 수 있는데요. Request URL이 http://localhost:3001/articles로 이전에 npm run server 명령어로 실행한 로컬 API 서버에서 넘겨 준 데이터임을 알 수 있습니다.

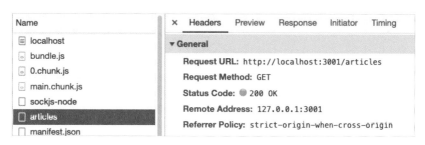

그림 1-15 Network 패널의 articles 리소스 정보

전달된 데이터의 형태를 보기 위해 Preview 탭으로 가 보겠습니다. 그런 다음 하위 항목을 하나씩 열어 보면, image라는 필드로 이미지 주소가 들어 있는 것이 보입니다.

그림 1-16 articles request의 응답 데이터

이미지 정보가 어디서 오는지 확인해 봤는데, 문제가 한 가지 생겼습니다. 자체적으로 가지고 있는 정적(static) 이미지라면 사진 편집 툴을 이용하여 직접 이미지 사이즈를 조절하면 되는데, 이렇게 API를 통해 받아오는 경우에는 어떻게 이미지 사이즈를 조절할까요? 이때 생각해 볼 수 있는 한 가지 방법은 Cloudinary나 Imgix 같은 이미지 CDN을 사용하는 방법입니다.

### 이미지 CDN

CDN(Content Delivery Network)이란 물리적 거리의 한계를 극복하기 위해 소비자(사용자)와 가까운 곳에 콘텐츠 서버를 두는 기술을 의미합니다. 그림[2]으로 예를 들어 보겠습니다.

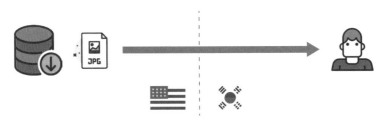

그림 1-17 일반적인 콘텐츠 로드

---

2  Icon made by Pixel perfect, Darius Dan, Freepik, itim2101 from *www.flation.com*(그림 1-17, 1-18, 1-19)

한국(오른쪽)에 있는 사용자가 미국(왼쪽)에 있는 서버에서 이미지를 다운로드하는 경우, 아무리 요즘 인터넷이 빨라졌다고 해도 서버와 사용자 사이에는 굉장히 큰 물리적 거리가 있기 때문에 다운로드에 시간이 오래 걸릴 것입니다. 이 문제를 해결하기 위해 다음과 같이 생각해 볼 수 있습니다.

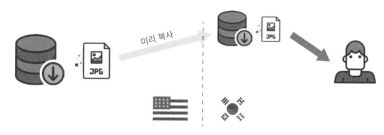

그림 1-18 CDN을 통한 콘텐츠 로드

미국에 있는 서버를 미리 한국으로 복사해 두고, 사용자가 이미지를 다운로드하려고 할 때 미국 서버가 아닌 한국 서버에서 다운로드하도록 하는 것입니다. 그러면 물리적 거리가 어느 정도 해소가 됐으니 다운로드에 걸리는 시간도 단축되겠죠. 이것이 일반적인 CDN의 개념입니다.

이미지 CDN은 이미지에 특화된 CDN이라고 볼 수 있습니다. 기본적인 CDN 기능과 더불어 이미지를 사용자에게 보내기 전에 특정 형태로 가공하여 전해 주는 기능까지 있습니다. 예를 들어 이미지 사이즈를 줄이거나, 특정 포맷으로 변경하는 등의 작업이 가능합니다.

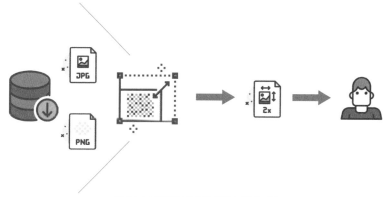

그림 1-19 이미지 CDN의 콘텐츠 가공 과정

일반적인 이미지 CDN에서 제공하는 주소는 다음과 같이 이루어져 있습니다.

## http://cdn.image.com?src=[img src]&width=240&height=240

그림 1-20 이미지 CDN의 이미지 주소 예시

그림 1-20과 같이 이미지 CDN 서버의 주소(*http://cdn.image.com*)에 쿼리스트링(query string)으로 가져올 이미지의 주소(src) 또는 이름을 입력해 줍니다. 그리고 필요에 따라 변경하고자 하는 형태(width, height)를 명시해 주는 식입니다. 즉, 위 주소를 통해 내가 명시한 이미지([img src])를 가로 240px, 세로 240px의 사이즈로 변환된 상태로 받아 올 수 있습니다. 이런 이미지 CDN을 자체적으로 만들어서 사용할 수도 있지만, 앞서 언급했던 Imgix[3]와 같은 이미지 CDN 솔루션을 사용할 수도 있습니다.

하지만 블로그 서비스에서는 이런 이미지 CDN을 직접 만들지는 않습니다. 그럼 어떻게 이런 이미지 CDN처럼 이미지 사이즈를 제어할 수 있을까요? 그건 코드를 보면 알 수 있습니다. VSCode에서 이미지 코드가 들어 있는 파일인 src/components/Articles/index.js를 열어 봅시다. 그러면 JSX 코드 중에 이미지 태그가 있고 src 값으로 props.image에 getParametersForUnsplash 함수의 반환 값을 연결하여 사용하고 있습니다. 또 getParametersForUnsplash에 들어가는 인자를 보니 width와 height가 1200입니다. 그러니까 props.image는 API를 통해 전달된 블로그 글의 썸네일 이미지이고, 여기서 설정된 width와 height를 통해 이미지의 사이즈가 결정된다고 추측할 수 있습니다.

```
function Article(props) {
  const createdTime = new Date(props.createdTime);
  return (
    <div className={'Article'}>
      <div className={'Article__summary'}>
        <div className={'Article__summary__title'}>{props.title}</div>
        <div className={'Article__summary__desc'}>
          {removeSpecialCharacter(props.content)}
```

3  Imgix는 다음과 같은 주소 체계로 이미지를 제공합니다. *https://assets.imgix.net/hp/snowshoe.jpg? w=900&h=600&fit=crop*

```
      </div>
      <div className={'Article__summary__etc'}>
        {createdTime.getFullYear() +
          '.' +
          zeroPad(createdTime.getMonth() + 1, 2) +
          '.' +
          zeroPad(createdTime.getDate(), 2)}
      </div>
    </div>
    <div className={'Article__thumbnail'}>
      <img
        src={
          props.image +
          getParametersForUnsplash({
            width: 1200,
            height: 1200,
            quality: 80,
            format: 'jpg',
          })
        }
        alt="thumbnail"
      />
    </div>
  </div>
  );
}
```

Article 컴포넌트

실제로 API를 통해 전달된 props.image 값은 '*https://images.unsplash.com/photo-1542435503-956c469947f6*' 같은 식으로 Unsplash[4] 서비스의 이미지를 사용하고 있으며, getParametersForUnsplash 함수에서 반환하는 쿼리스트링을 붙여주면 *https://images.unsplash.com/photo-1542435503-956c469947f6?w=1200&h=1200&q=80&fm=jpg&fit=crop*와 같은 형태로 이미지를 가공하여 전달받을 수 있게 됩니다. 즉, 이 Unsplash라는 서비스가 일종의 이미지 CDN의 역할을 하고 있는 것이죠.(그림 1 21)

---

4  Unsplash는 해외 사진 웹사이트로, 고해상도 이미지를 무료로 제공하는 이미지 플랫폼 서비스입니다.

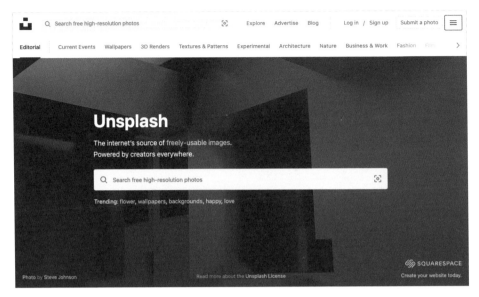

그림 1-21 Unsplash 사이트의 메인 페이지

## 적절한 이미지 사이즈로 최적화

그럼 원래 목적으로 돌아와서 1200 × 1200px 사이즈의 이미지를 240 × 240px 로 변경하려면 어떻게 해야 할까요? getParametersForUnsplash 함수로 전달되는 width와 height를 240으로 변경해야겠죠. 직접 바꿔 보고 확인해 보겠습니다.(그림 1-22)

```
<div className={'Article__thumbnail'}>
  <img
    src={
      props.image +
      getParametersForUnsplash({
        width: 240,     // <- 이 부분을 1200에서 240으로 변경
        height: 240,    // <- 이 부분을 1200에서 240으로 변경
        quality: 80,
        format: "jpg",
      })
    }
    alt="thumbnail"
  />
</div>
```

getParametersForUnsplash 함수의 width와 height 수정

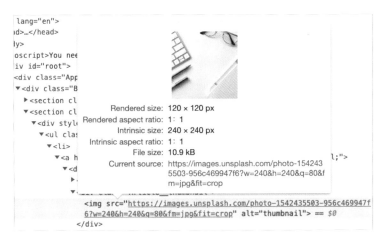

그림 1-22 이미지 최적화 후 요소 검사를 통해 이미지 정보 확인

요소 검사로 확인해 보면 Intrinsic size가 240×240px로 바뀌어 있는 것을 볼수 있죠? 그럼 Lighthouse 검사도 다시 해 봅시다.

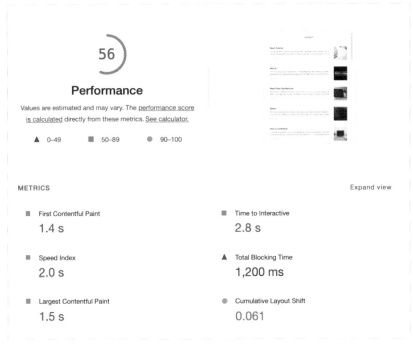

그림 1-23 이미지 최적화 후 Lighthouse 점수

최적화 전에는 47점이었는데, 이미지 사이즈 최적화 후 점수가 56점이 되었습니다. 무엇보다 Opportunities 섹션에 더 이상 'Properly size images' 항목이 보이지 않습니다!

그림 1-24 이미지 최적화 후 Opportunities 섹션

## 병목 코드 최적화

### Performance 패널 살펴보기

이번에는 Diagnostics 섹션의 'Reduce JavaScript execution time' 항목을 살펴보겠습니다.

DIAGNOSTICS

▲ Serve static assets with an efficient cache policy  — 4 resources found

■ Reduce JavaScript execution time  — 1.4 s

Consider reducing the time spent parsing, compiling, and executing JS. You may find delivering smaller JS payloads helps with this. Learn more. [TBT]

| URL | Total CPU Time | Script Evaluation | Script Parse |
| --- | --- | --- | --- |
| ...js/1.chunk.js (localhost) | 1,365 ms | 1,147 ms | 56 ms |
| http://localhost:3000 | 479 ms | 2 ms | 0 ms |
| ...js/main.chunk.js (localhost) | 202 ms | 196 ms | 1 ms |
| Unattributable | 107 ms | 2 ms | 0 ms |

그림 1-25 Diagnostics 섹션의 Reduce JavaScript execution time 항목

항목을 펼쳐 상세 정보를 확인해 보면 1.chunk.js라는 파일에서 1,365밀리초 동안 자바스크립트가 실행되었음을 알 수 있습니다. 하지만 오랫동안 자바스 크립트가 실행되었고 그 때문에 서비스가 느려졌다는 것은 이해했는데, 그게 무엇인지는 여기서 도통 알 수 없습니다. 따라서 메인 스레드의 작업을 상세하 게 살펴보고 느린 작업이 무엇인지 확인하기 위해 Performance 패널을 활용할 것입니다.

Performance 패널을 사용하는 방법은 두 가지입니다. 첫 번째는 Lighthouse 결과 페이지에 'View Original Trace'라는 버튼이 있는데, 이 버튼을 눌러 Per-formance 패널로 이동하는 방법입니다. 이 버튼을 통해 이동하면, Lighthouse 를 통해 분석한 내용을 Performance 패널로 가져가서 보여 줍니다.

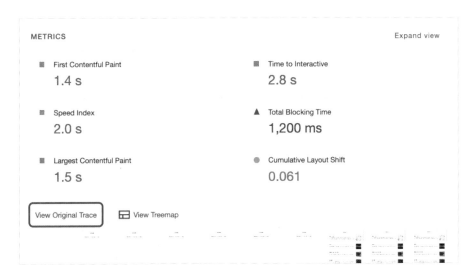

그림 1-26 Lighthouse의 View Original Trace 버튼

두 번째 방법은 직접 Performance 패널로 이동하여 분석을 진행하는 방법입니 다. 크롬 개발자 도구에서 Performance라는 패널을 찾아 들어간 뒤, 가장 왼쪽 에 있는 새로고침(Start profiling and reload page) C 버튼(Ctrl+Shift+E)을 누 르면 됩니다. 그러면 페이지가 다시 로드되면서 그 과정에서의 여러 작업(네트 워크, 메인 스레드 등)을 기록합니다. 이때 서비스의 상태를 조금 더 상세히 보 려면, 오른쪽 설정 ✿ 버튼을 누르면 나오는 네트워크 설정을 'Fast 3G'로 설정

하여 제한된 환경을 구성할 수 있습니다. 여기서 CPU 설정은 'No throttling'으로 유지하겠습니다.

Performance 패널을 이용한 분석이 완료되면 다음과 같은 화면을 볼 수 있습니다.

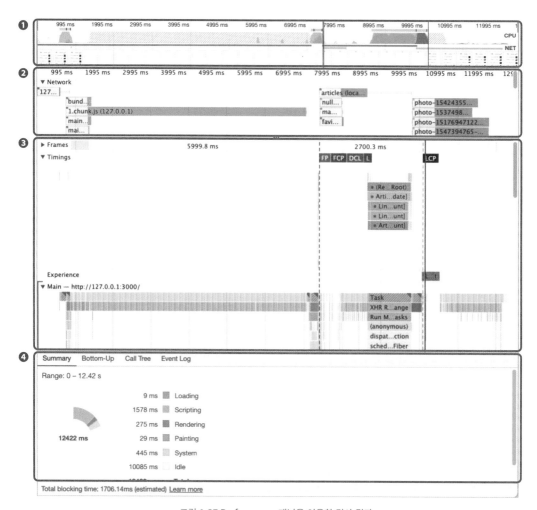

그림 1-27 Performance 패널을 이용한 검사 결과

복잡해 보이지만 어렵지 않습니다. 하나씩 살펴볼까요?

❶ CPU 차트, Network 차트, 스크린샷

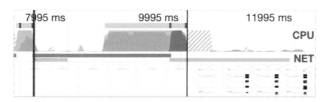

그림 1-28 CPU 차트, Network 차트, 스크린샷

CPU 차트는 시간에 따라 CPU가 어떤 작업에 리소스를 사용하고 있는지 비율로 보여 줍니다. 자바스크립트 실행 작업은 노란색, 렌더링/레이아웃 작업은 보라색, 페인팅 작업은 초록색, 기타 시스템 작업은 회색으로 표시됩니다.[5] 이 차트를 통해 어느 타이밍에 어떤 작업이 주로 진행되고 있는지 파악할 수 있습니다. 그 위에 있는 빨간색 선은 병목이 발생하는 지점을 의미합니다. 즉, 특정 작업이 메인 스레드를 오랫동안 잡아 두고 있다는 뜻입니다.

Network 차트는 CPU 차트 밑에 막대 형태로 표시됩니다. 여기서는 대략적인 네트워크 상태를 보여 줍니다. 위쪽의 진한 막대는 우선순위가 높은 네트워크 리소스를, 아래쪽의 옅은 막대는 우선순위가 낮은 네트워크 리소스를 나타냅니다.

마지막으로 그 아래 스크린샷의 리스트가 쭉 보이는데, 서비스가 로드되는 과정을 보여 줍니다.

❷ Network 타임라인

Network 타임라인은 Network 패널과 유사하게 서비스 로드 과정에서의 네트워크 요청을 시간 순서에 따라 보여 줍니다.

그림 1-29 Network 타임라인

5 　렌더링/레이아웃 작업과 페인팅 작업에 대해서는 2장에서 자세히 설명합니다.

각 네트워크 요청 막대에서 의미하는 것은 다음과 같습니다.

- 왼쪽 회색 선: 초기 연결 시간
- 막대의 옅은 색 영역: 요청을 보낸 시점부터 응답을 기다리는 시점까지의 시간(TTFB, Time to First Byte)
- 막대의 짙은 색 영역: 콘텐츠 다운로드 시간
- 오른쪽 회색 선: 해당 요청에 대한 메인 스레드의 작업 시간

### ❸ Frames, Timings, Main

Frames 섹션은 화면의 변화가 있을 때마다 스크린샷을 찍어 보여 줍니다.

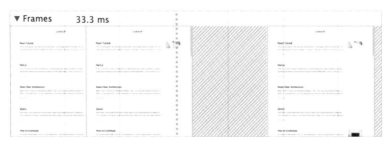

그림 1-30 Frames 섹션

Timings 섹션은 User Timing API를 통해 기록된 정보를 기록합니다. 여기 표시된 막대들은 리액트에서 각 컴포넌트의 렌더링 시간을 측정한 것입니다.[6]

그림 1-31 Timings 섹션

---

6 리액트의 User Timing API 코드는 리액트 버전 17 이후로 정확성 및 유지 보수 문제로 인해 지원이 종료되었습니다. 현재 이 프로젝트의 리액트 버전은 16이기 때문에 볼 수 있지만, 참고만 하면 됩니다.

Main 섹션은 브라우저의 메인 스레드에서 실행되는 작업을 플레임 차트(Flame chart)로 보여 줍니다.(그림 1-32) 이를 통해 어떤 작업이 오래 걸리는지 파악할 수 있습니다.

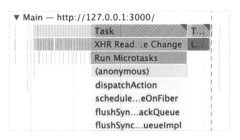

그림 1-32 Main 섹션

그 밖에 Raster, GPU 등의 작업을 확인할 수 있습니다.

### 플레임 차트란

소프트웨어의 작업(스택)을 손쉽게 추적하기 위해 개발된 계층형 데이터 시각화 기법입니다. X축은 시간의 흐름, Y축은 스택의 깊이를 나타내며, 막대가 아래쪽에 있을수록 상위 작업, 위쪽으로 갈수록 하위 작업입니다. 기본적인 플레임 차트는 아래에서 위로 그려지지만, 크롬 개발자 도구의 플레임 차트는 위에서 아래로 그려집니다.

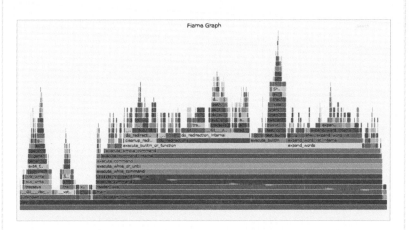

그림 1-33 플레임 차트 예시(*https://github.com/brendangregg/FlameGraph*)

**❹ 하단 탭**

하단에 있는 Summary, Bottom-Up, Call Tree, Event Log 탭에서는 전체 또는
선택된 영역에 대한 상세 내용을 확인할 수 있습니다.

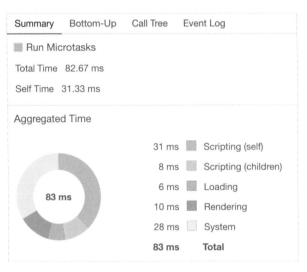

그림 1-34 Summary 탭

Summary 탭은 선택 영역에서 발생한 작업 시간의 총합과 각 작업이 차지하는
비중을 보여 줍니다. Bottom-Up 탭은 가장 최하위에 있는 작업부터 상위 작업
까지 역순으로 보여 줍니다. Call Tree 탭은 Bottom-Up과 반대로 가장 상위 작
업부터 하위 작업 순으로 작업 내용을 트리뷰(tree view)로 보여 줍니다. Event
Log 탭은 발생한 이벤트를 보여 줍니다. 이벤트로는 Loading, Experience
Scripting, Rendering, Painting이 있습니다.

서비스의 로드 과정을 Performance 패널에 띄워 보고 각 영역이 의미하
는 것이 무엇인지 전체적으로 살펴봤습니다. 다음으로 넘어가기 전에 직접
Performance 패널의 내용과 구성을 이리저리 탐색해 보길 추천합니다. 본인이
만든 사이트 또는 궁금한 사이트를 분석해 봐도 좋습니다. 처음 볼 때는 분석
내용이 이해가 안 되고 헷갈리더라도, 자주 보고 여러 사이트를 살펴보다 보면
훈련이 되어 최적화 과정에 큰 도움이 될 것입니다.

## 페이지 로드 과정 살펴보기

페이지가 처음 로드되는 시점을 살펴봅시다.

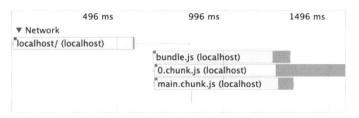

그림 1-35 블로그 서비스의 초기 네트워크 트래픽

처음 localhost라는 네트워크 요청이 파란색으로 보입니다. 이 파란색 막대는 HTML 파일에 대한 요청을 의미합니다. 그리고 이어서 bundle.js, 0.chunk.js, main.chunk.js 등의 파일을 로드하고 있습니다. 확장자를 보면 알 수 있듯 주황색 막대는 자바스크립트 파일에 대한 요청을 의미합니다.

여기서 한 가지 주목할 것이 있습니다. 0.chunk.js의 로드 시간이 매우 길다는 것입니다. 실제로 해당 막대를 클릭해 Summary 탭을 보면 파일 크기가 4.2MB로 굉장히 크다는 것을 알 수 있습니다.(그림 1-36) 물론 지금 환경이 development 환경이라 번들 파일이 경량화(minify)되어 있지 않기 때문에 더욱 큰 것인데요. 그럼에도 너무 큰 것 같으니 나중에 자세히 살펴볼 필요가 있겠습니다. 지금은 체크만 하고 넘어갑시다.

| Summary | Bottom-Up | Call Tree | Event Log |
| --- | --- | --- | --- |

■ Network request

URL  0.chunk.js

Duration  6.32 s (6.30 s network transfer + 16.89 ms resource loading)

Request Method  GET

Priority  High

Mime Type  application/javascript

Encoded Data  1.0 MB

Decoded Body  4.2 MB

그림 1-36 0.chunk.js의 요약 정보

이어서 살펴보겠습니다. HTML 파일이 다운로드된 시점을 보면 메인 스레드에서는 'Parse HTML'이라는 작업을 하고 있습니다. 아마 네트워크를 통해 받은 HTML을 처리하고 있는 듯합니다.

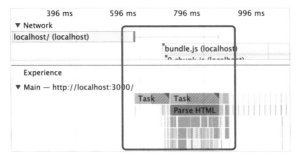

그림 1-37 Parse HTML 과정

0.chunk.js의 다운로드가 끝난 시점을 보면, 이어서 자바스크립트 작업이 실행되고 있습니다.

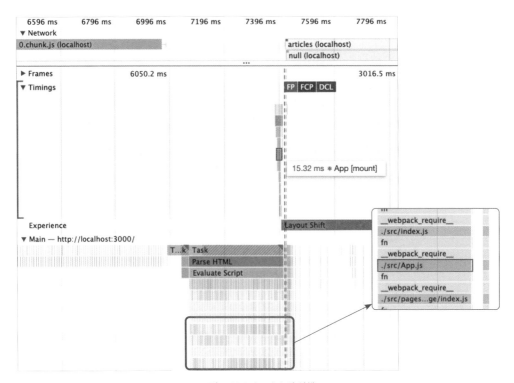

그림 1-38 0.chunk.js의 실행

그림 1-38에서 빨간 박스로 표시된 곳을 확대해 보면 App.js라는 항목이 보입니다. 즉, 이 작업들은 리액트 코드를 실행하는 작업이라고 볼 수 있습니다. Timings 섹션에서도 메인 스레드의 자바스크립트 작업이 끝나는 시점에 컴포넌트에 대한 렌더링(App [mount]) 작업이 기록되어 있음을 확인할 수 있습니다.

그렇게 컴포넌트가 마운트되면 ArticleList 컴포넌트에서는 블로그 글 데이터를 네트워크를 통해 요청하는데, 그 정보가 Network 섹션에 'articles (local host)'라는 이름으로 기록되어 있습니다. articles 데이터가 모두 다운로드되니 메인 스레드에서는 해당 컴포넌트를 렌더링하기 위해 자바스크립트를 실행합니다. 그 내용은 Timings 섹션에서도 확인할 수 있습니다.

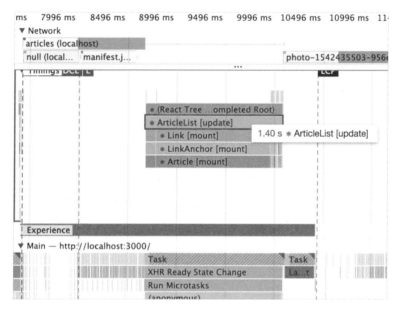

그림 1-39 ArticleList 컴포넌트 렌더링 작업

그런데 여기 이상한 점이 있습니다. Timings 섹션의 ArticleList 항목에 커서를 올려 두면 간단한 정보가 뜨는데, 실행 시간이 무려 1.4초라는 점입니다.(그림 1-39) 네트워크 시간을 포함한 시간이 아니라 모든 데이터가 준비된 상태에서 단순히 데이터를 화면에 그리는 것(렌더링)일 뿐인데 말이죠. 좀 더 자세히 살펴볼까요?

메인 스레드의 해당 구간을 따라 내려가다 보면 'Article'이라는 작업이 있습니다. 이름으로 추측해 보면 이 작업이 Article 컴포넌트를 렌더링하는 작업으로 보입니다. 그리고 그 아래로 하나 더 내려가 보면 'removeSpecialCharacter'라는 작업도 보입니다.(그림 1-40) 그 아래로도 'Minor GC'라는 작업이 보이지만, 이 작업은 자바스크립트의 가비지 컬렉션[7] 작업으로 실제 코드와는 관계없으니 무시해도 좋습니다.[8]

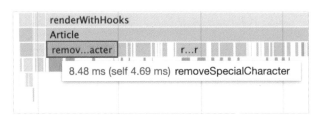

그림 1-40 removeSpecialCharacter 작업

그렇다면 결국 이 'removeSpecialCharacter'라는 작업이 Article 컴포넌트의 렌더링 시간을 길어지게 했다는 이야기인데, 이름이 낯익습니다. 코드를 자세히 살펴봤다면 기억할 텐데요. 그렇습니다. src/Article/index.js에 있는 함수의 이름입니다. 즉, Article 컴포넌트가 렌더링되는 과정에서 removeSpecialCharacter 함수가 아주 오래 실행되었다는 뜻이고, 이 함수를 최적화하면 그림 1-39에서 1.4초나 걸렸던 ArticleList의 실행 시간도 단축될 것입니다.

지금 아주 중요한 성능 최적화 포인트를 찾았습니다. 이제 해당 코드를 최적화하기만 하면 되겠습니다.

---

7  자바스크립트는 객체를 생성할 때 자동으로 메모리를 할당하고 더 이상 필요하지 않을 때 메모리를 자동으로 해제하는데, 이를 가비지 컬렉션이라고 합니다.

8  Minor GC는 객체가 필요 없어졌을 때 해당 메모리를 해제하기 위해 실행됩니다. 위의 경우 removeSpecialCharacter 함수가 워낙 많은 메모리를 사용하다 보니 함수 실행 중간중간 메모리가 바닥나지 않도록 정리하는 모습입니다. 이 때문에 원래는 하나의 막대로 표시되어야 하는 remove SpecialCharacter 함수가 Minor GC 때문에 마치 여러 번 실행된 것처럼 잘려 보입니다.

## 병목 코드 개선

자, 조금 전에 찾은 최적화 포인트인 removeSpecialCharacter 함수를 살펴봅시다.

```
/*
 * 매개변수로 넘어온 문자열에서 일부 특수 문자를 제거하는 함수
 * (Markdown으로 된 문자열의 특수 문자를 제거하기 위함.)
 * */
function removeSpecialCharacter(str) {
  const removeCharacters = [/* 생략 */]
  let _str = str
  let i = 0,
    j = 0

  for (i = 0; i < removeCharacters.length; i++) {
    j = 0
    while (j < _str.length) {
      if (_str[j] === removeCharacters[i]) {
        _str = _str.substring(0, j).concat(_str.substring(j + 1))
        continue
      }
      j++
    }
  }

  return _str
}
```

src/components/Article/index.js의 removeSpecialCharacter 함수

removeSpecialCharacter는 이 장 앞부분에도 설명했듯이, 인자로 넘어온 문자열에서 특수 문자를 제거하는 함수입니다. 마크다운으로 된 블로그 글에서 특수 문자를 모두 지우고 본문 일부를 보여 주기 위해 사용됩니다.

### React Fiber Architecture

React Fiber Architecture IntroductionReact Fiber is an ongoing reimplementation of React's core algorithm. It is the culmination of over two years of research by the Re

2020.01.04

그림 1-41 Article 컴포넌트가 렌더링된 모습

함수의 로직을 상세하게 살펴보면, removeCharacters라는 이름으로 제거할 특수 문자를 정의해 두고, 각 특수 문자마다 반복문을 돌려 본문에 일치하는 내용을 탐색하고 제거합니다. 그런데 일치하는 문자열을 찾고 제거하기 위해 반복문을 두 번 중첩해서 사용하고 있고, 문자열을 제거하는 데도 substring과 concat 함수를 이용하고 있습니다. 조금만 생각해 보면 이 로직이 상당히 비효율적임을 알 수 있는데요. 자바스크립트에는 일치하는 문자를 찾아 제거해 주는 replace라는 함수가 이미 있기 때문입니다. replace 함수로 쉽고 빠르게 할 수 있는 작업을 반복문을 중첩하여 비효율적으로 처리하고 있으니 성능이 저하될 수밖에 없습니다.

그럼 이 함수를 어떻게 최적화할 수 있을까요? 크게 두 가지 방법이 있습니다. 특수 문자를 효율적으로 제거하는 로직으로 변경하는 방법과 작업량을 줄이는 방법입니다.

### 특수 문자를 효율적으로 제거하기

위에서 언급했듯이 문자열을 제거하는 데 substring과 concat 함수 대신 replace 함수를 사용할 수 있습니다.

### 작업량 줄이기

articles API에 있는 블로그 글 데이터는 굉장히 긴 문자열로 되어 있습니다. 직접 글자 수를 세어 보면 가장 긴 내용은 영문으로 무려 90,021자나 됩니다. 이 긴 글에서 특수 문자를 제거하려고 일일이 반복문을 돌렸으니 느릴 수밖에 없죠. 그런데 사실 서비스에 사용되는 건 대략 200자 정도입니다. 그러면 굳이 9만 자나 되는 문자열을 모두 탐색 및 변경할 필요 없이 앞의 200자 정도만 잘라서 탐색하고 변경한다면 어떨까 생각해 볼 수 있습니다.

그럼 이 두 가지 방법을 각각 적용해 봅시다.

먼저 replace 함수를 사용해서 특수 문자를 제거하는 코드는 아래와 같습니다.

```
str = str.replace('#', '');
str = str.replace('_', '');
...
```

replace를 이용한 특수 문자 제거

그런데 이렇게 하면 모든 특수 문자에 대해 코드를 일일이 입력해야 하니 불편합니다. 그래서 변경 대상 문자를 단일 문자가 아닌 정규 표현식으로 작성해 보겠습니다.

> ! 간단한 코드라 쉽게 이해할 수 있겠지만, replace 함수 사용법과 정규 표현식 개념을 잘
> 모른다면 MDN 문서를 참고하길 바랍니다.

```
str = str.replace(/[#_*~&;![\]`>\n=\->]/g, '');
```

replace와 정규 표현식을 이용한 특수 문자 제거

두 번째 방법은 필요한 내용만 잘라 사용하는 것입니다. 앞에서부터 200자를 자르는 코드도 추가해 봅시다. 여기서는 제거되는 문자까지 고려해서 넉넉하게 300자로 잘라 보겠습니다.

```
function removeSpecialCharacter(str) {
  let _str = str.substring(0, 300)
  _str = str.replace(/[#_*~&;![\]`>\n=\->]/g, '')
  return _str
}
```

최적화한 removeSpecialCharacter 함수

좋습니다! 코드가 아주 간결해졌네요.

## 최적화 전후 비교

성능도 좋아졌는지 Performance 패널에서 다시 검사해 볼까요?

최적화 전에는 1.4초 걸렸던 작업이, 최적화 후에는 무려 36밀리초로 줄어든 것을 볼 수 있습니다.(그림 1-42) 플레임 차트의 removeSpecialCharacter 함수를 찾아봐도 굉장히 작아졌음을 확인할 수 있습니다.

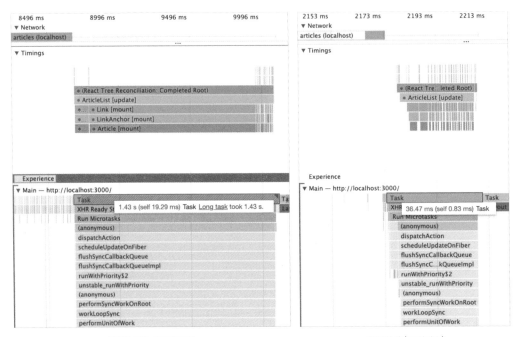

최적화 전(1,430밀리초)                                    최적화 후(36밀리초)

그림 1-42 병목 함수 최적화 전후 비교

이번에는 Lighthouse로 검사해 보겠습니다.

점수가 89점으로 많이 올랐습니다. Metrics가 전반적으로 좋아졌는데, 특히 'Time to Interaction'과 'Total Blocking Time'이 많이 줄어든 것을 확인할 수 있습니다.(그림 1-43) 또 Diagnostics 섹션에서 'Reduce JavaScript execution time' 항목이 사라졌습니다.(그림 1-44)

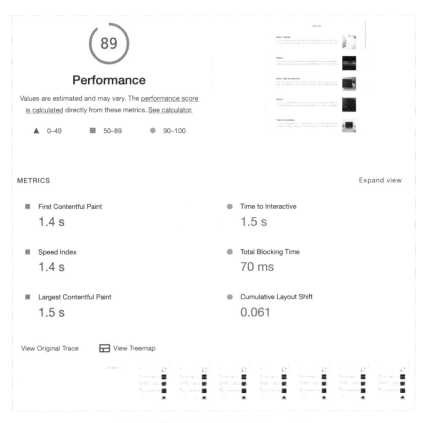

그림 1-43 병목 함수 최적화 후 Lighthouse 점수

그림 1-44 병목 함수 최적화 후 Diagnostics 섹션

# 코드 분할 & 지연 로딩

## 번들 파일 분석

이번에는 webpack을 통해 번들링된 파일을 분석하고 최적화해 보겠습니다.

앞서 Performance 패널의 검사 내용을 분석할 때, 유난히 크고 다운로드가 오래 걸렸던 자바스크립트 파일이 하나 있었습니다. 바로 0.chunk.js 파일입니다.

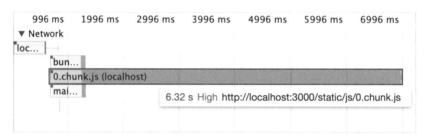

그림 1-45 크고 다운로드가 오래 걸리는 0.chunk.js

이처럼 화면을 그리는 데 필요한 리소스(리액트 코드)의 다운로드가 늦어지면, 다운로드가 완료된 후에나 화면을 그릴 수 있기 때문에 다운로드가 오래 걸린 만큼 화면도 늦게 뜬다는 문제가 있습니다. 이때 자바스크립트 파일을 어떻게 최적화할 수 있을까요?

먼저 이 자바스크립트 파일이 어떤 코드로 이루어져 있는지 알아야 합니다. 이 청크 파일의 구성을 상세히 보기 위해 Webpack Bundle Analyzer라는 툴을 이용해 볼 것입니다. 이 툴은 npm에 등록되어 있는데요. npm 사이트(*npmjs. com*)에서 검색해 보면 다음과 같이 webpack-bundle-analyzer라는 패키지를 찾을 수 있습니다.(그림 1-46) 이 툴은 webpack을 통해 번들링된 번들 파일이 어떤 코드로 이루어져 있는지 트리맵으로 시각화하여 보여 줍니다.(그림 1-47)

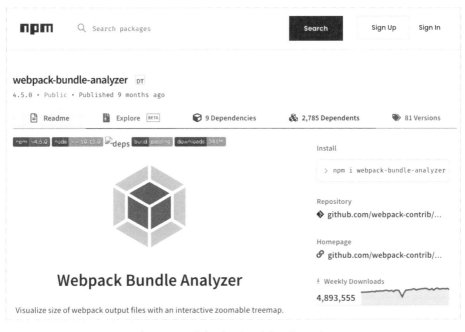

그림 1-46 npm 사이트의 webpack-bundle-analyzer

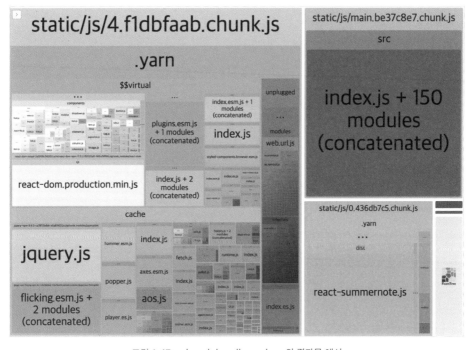

그림 1-47 webpack-bundle-analyzer의 결과물 예시

하지만 한 가지 문제가 있습니다. 이 툴을 사용하려면 webpack 설정을 직접 수정해야 한다는 것입니다. 블로그 서비스 프로젝트는 Create React App을 통해 생성되었기 때문에 webpack에 대한 설정이 숨겨져 있습니다. 그래서 webpack 설정을 직접 변경하려면 npm run eject 스크립트를 통해서 Create React App의 설정 파일들을 추출해야 합니다. 물론 eject 없이 webpack 설정을 변경할 수 있는 react-app-rewired나 craco 같은 툴이 존재하긴 하지만, 여기서는 더 간편하게 번들 사이즈를 분석할 수 있게 도와주는 cra-bundle-analyzer라는 툴을 사용할 것입니다.

cra-bundle-analyzer은 내부적으로 webpack-bundle-analyzer를 사용하는 툴로, 결과물은 동일하지만 Create React App 프로젝트에서 eject 없이 사용할 수 있습니다. 이 툴은 webpack-bundle-analyzer와 마찬가지로 npm 사이트에서 찾을 수 있습니다.

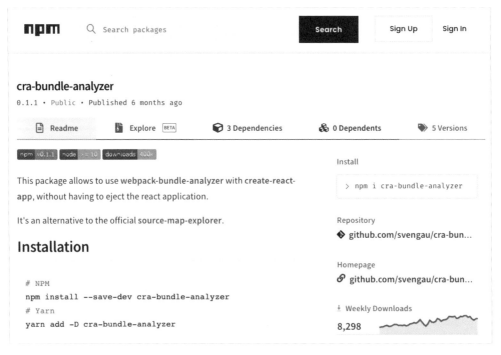

그림 1-48 npm 사이트의 cra-bundle-analyzer

그럼 cra-bundle-analyzer를 프로젝트에 설치하고 실행해 봅시다.

```
$ npm install --save-dev cra-bundle-analyzer
$ npx cra-bundle-analyzer
```

cra-bundle-analyzer 설치 및 실행

위 스크립트를 실행하면 다음과 같은 브라우저가 하나 뜰 것입니다.

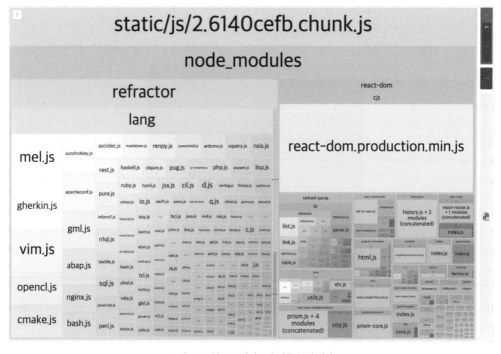

그림 1-49 블로그 서비스의 번들 분석 결과

바로 이 서비스의 번들 파일과 그 안에 있는 모든 패키지입니다. 파일의 실제 크기에 따라 비율로 보여 주기 때문에, 어떤 패키지가 어느 정도의 용량을 차지하고 있는지도 쉽게 알 수 있습니다.

번들 파일의 이름(번호와 해시)은 코드가 수정되거나 빌드할 때마다 달라질 수 있기 때문에 실제 분석했을 때와 빌드했을 때, 이름이 서로 다를 수 있습니다.

하나씩 살펴보면, 가장 많은 부분을 차지하고 있는 2.6140cefb.chunk.js(이하 2.chunk.js) 파일이 보입니다. 비중과 이름을 봤을 때, 앞서 Performance 패널에서 분석할 때 굉장히 크고 느렸던 0.chunk.js 파일과 동일한 번들 파일이라고 유추할 수 있습니다. 그리고 바로 하위에 있는 요소의 이름이 node_modules인 것을 보니, 이 번들 파일이 담고 있는 코드가 npm을 통해 설치한 외부 라이브러리라는 것을 알 수 있습니다.

분석 결과의 오른쪽 상단을 보면 파란색 블록이 보이는데요. 그 안의 이름들로 유추했을 때, 서비스에서 작성된 코드임을 알 수 있습니다.

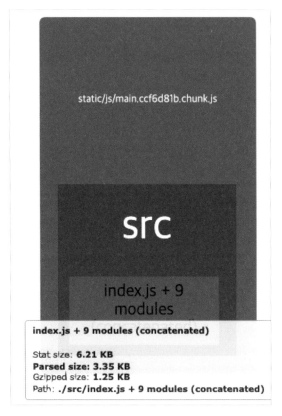

그림 1-50 번들 파일에서의 서비스 코드 블록

정리해 보면, 직접 작성한 서비스 코드는 main.chunk.js라는 이름으로, 외부 모듈은 2.chunk.js라는 이름으로 번들링되었습니다.

그럼 다시 원점으로 돌아와서, 어떤 패키지 때문에 2.chunk.js 파일이 큰 것인지 확인해 봐야겠습니다. 2.chunk.js의 내부를 살펴보면, 크게 refractor와 react-dom이 매우 큰 비중을 차지하고 있습니다. react-dom은 리액트를 위한 코드이므로 생략하고, refractor 패키지의 출처를 확인해 봅시다.

패키지 출처는 package-lock.json(또는 yarn.lock) 파일에 명시되어 있습니다. 예를 들어 아래는 @babel/core 패키지에 대한 package-lock.json의 코드 일부인데요. dependencies라는 필드에서 @babel/core 패키지가 내부적으로 사용하고 있는, 즉 의존성을 가지고 있는 패키지를 확인할 수 있습니다. 그래서 npm install을 하면 이 package-lock.json을 참조해서 설치하고자 하는 패키지가 어떤 버전의 패키지에 의존성이 있는지 확인해서 함께 설치해 줍니다.

```
"node_modules/@babel/core": {
  "version": "7.7.4",
  "resolved": "https://registry.npmjs.org/@babel/core/-/
             core-7.7.4.tgz",
  "integrity": "sha512-+bYbx56j4nYBmpsWtnPUsKW3NdnYxbqyfrP2w9wILBuHzdfI
             Kz9prieZK0DFPyIzkjYVUe4QkusGL07r5pXznQ==",
  "dependencies": {
    "@babel/code-frame": "^7.5.5",
    "@babel/generator": "^7.7.4",
    /* 생략 */
    "semver": "^5.4.1",
    "source-map": "^0.5.0"
  },
  "engines": {
    "node": ">=6.9.0"
  }
},
```

@babel/core 패키지의 의존성

우리가 찾는 refractor 패키지도 여기에 명시되어 있을 것입니다. package-lock.json 파일에서 Ctrl + F를 눌러 refractor 패키지에 대한 내용을 찾아봅시다.

```
"node_modules/react-syntax-highlighter": {
  "version": "12.2.1",
  "resolved": "https://registry.npmjs.org/react-syntax-highlighter/-/
             react-syntax-highlighter-12.2.1.tgz",
```

```
    "integrity": "sha512-CTsp0ZWijwKRYFg9xhkWD4DSpQqE4vb2NKVMdPAkomnILSms
                  NBHE0n5GuI5zB+PU3ySVvXvdt9jo+ViD9XibCA==",
  "dependencies": {
    "@babel/runtime": "^7.3.1",
    "highlight.js": "~9.15.1",
    "lowlight": "1.12.1",
    "prismjs": "^1.8.4",
    "refractor": "^2.4.1"
  }
},
```

**refractor 패키지가 포함된 react-syntax-highlighter 패키지의 의존성**

찾아보니 react-syntax-highlighter라는 패키지에서 refractor를 참조하고 있는 것이 보입니다. react-syntax-highlighter는 마크다운의 코드 블록에 스타일을 입히는 데 사용되는 라이브러리인데요. 블로그 서비스에서는 src/components/markdowns/CodeBlock.js에서 사용하고 있습니다. react-syntax-highlighter 덕분에 그림 1-51과 같이 블로그 글의 상세 페이지에서 마크다운에 들어가 있는 코드 블록을 깔끔하게 볼 수 있습니다.

생각해 보면, CodeBlock 컴포넌트는 마크다운을 표시하는 데 필요하니 블로그 글 상세 페이지에서만 필요할 뿐 글 목록 페이지에서는 필요가 없습니다. 즉, 크기가 너무 큰 react-syntax-highlighter 모듈은 블로그 글 상세 페이지(CodeBlock 컴포넌트)에서만 사용되니 사용자가 처음 진입하는 목록 페이지에서는 react-syntax-highlighter 패키지를 굳이 다운로드할 필요가 없습니다. 그래서 하나로 합쳐져 있는 이 번들 파일을 페이지별로 필요한 내용만 분리하여 필요할 때만 따로따로 로드하면 좋을 것 같습니다.

## 코드 분할이란

페이지에서 필요한 코드만 따로 로드하면 불필요한 코드를 로드하지 않아 더욱 빨라진다는 것은 알겠습니다. 그럼 어떻게 하면 될까요?

바로 코드 분할(Code Splitting) 기법을 이용해서 페이지별로 코드를 분리하는 겁니다. 코드 분할 기법은 말 그대로 코드를 분할하는 기법으로 하나의 번들 파일을 여러 개의 파일로 쪼개는 방법입니다.

### What Is React? {#what-is-react}

React is a declarative, efficient, and flexible JavaScript library for building user interfaces. It lets you compose complex UIs from small and isolated pieces of code called "components".

React has a few different kinds of components, but we'll start with `React.Component` subclasses:

```
class ShoppingList extends React.Component {
  render() {
    return (
      <div className="shopping-list">
        <h1>Shopping List for {this.props.name}</h1>
        <ul>
          <li>Instagram</li>
          <li>WhatsApp</li>
          <li>Oculus</li>
        </ul>
      </div>
    );
  }
}

// Example usage: <ShoppingList name="Mark" />
```

We'll get to the funny XML-like tags soon. We use components to tell React what we want to see on the screen. When our data changes, React will efficiently update and re-render our components.

그림 1-51 블로그 상세 페이지의 코드 블록

분할된 코드는 사용자가 서비스를 이용하는 중 해당 코드가 필요해지는 시점에 로드되어 실행됩니다. 이를 지연 로딩이라고 합니다.

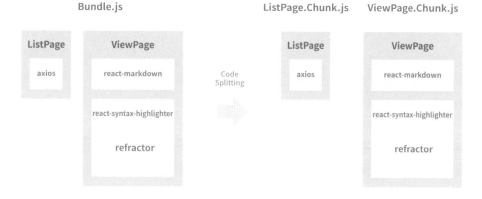

그림 1-52 코드 분할 예시

블로그 서비스를 예로 들면, 블로그 글 목록 페이지와 상세 페이지 코드가 모두 하나의 파일로 만들어집니다. 페이지 컴포넌트 각각은 페이지에서 사용하는 패키지도 포함하고 있습니다. 이처럼 모든 코드가 하나로 합쳐져 있으면, 목록 페이지에 접근했을 때 당장 사용하지 않는 ViewPage에 있는 코드까지 함께 다운로드됩니다. 그러다 보니 다운로드가 오래 걸리고 그만큼 페이지 로드 속도도 느려지는 것입니다.

이 문제를 해결하기 위해 코드 분할 기법을 활용하면, 그림 1-52의 오른쪽 그림과 같이 각 페이지별로 코드를 분할할 수 있습니다. 목록 페이지에 접근하면 목록 페이지와 관련된 코드(ListPage, axios)인 ListPage.chunk.js만 로드하고, 상세 페이지에 접근하면 ViewPage.chunk.js만 로드하는 식으로 말이죠. 당연히 필요 없는 코드를 다운로드하지 않으니 로드 속도도 빨라질 겁니다.

추가로 코드 분할 기법에는 여러 가지 패턴이 있습니다. 위의 예시처럼 페이지별로 코드를 분할할 수도 있는 반면, 각 페이지가 공통으로 사용하는 모듈이 많고 그 사이즈가 큰 경우에는 페이지별로 분할하지 않고 그림 1-53의 오른쪽처럼 모듈별로 분할할 수도 있습니다. 물론 그 밖에도 다양한 방식으로 코드를 분할할 수 있지만, 핵심은 '불필요한 코드 또는 중복되는 코드 없이 적절한 사이즈의 코드가 적절한 타이밍에 로드되도록 하는 것'입니다.

원리는 잘 이해했으니 이제 직접 서비스의 코드를 분할해 봅시다.

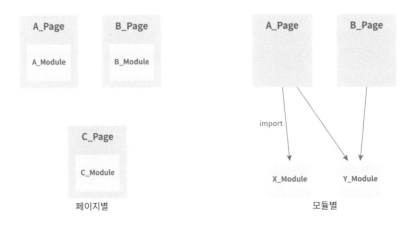

그림 1-53 분할 방식에 따른 코드 분할 기법

## 코드 분할 적용하기

우선 코드 분할을 하는 가장 좋은 방법은 동적 import를 사용하는 방법입니다. 기본적으로 import는 다음과 같이 특정 모듈을 불러올 때 사용됩니다.

```
import { add } from './math'

console.log('1 + 4 =', add(1, 4))
```

import 문의 기본 사용법

이렇게 했을 때 해당 모듈은 빌드 시에 함께 번들링이 됩니다. 하지만 아래와 같이 import 문을 사용하면 빌드할 때가 아닌 런타임에 해당 모듈을 로드합니다. 그것을 동적(dynamic) import라고 합니다.

```
import('add').then((module) => {
  const { add } = module

  console.log('1 + 4 =', add(1, 4))
})
```

import 문을 이용한 동적 import

webpack은 이 동적 import 구문을 만나면 코드를 분할하여 번들링합니다. 하지만 이 방식에는 문제가 하나 있습니다. 바로 동적 import 구문은 Promise 형태로 모듈을 반환해 준다는 것입니다. 여기서 import하려는 모듈은 컴포넌트이기 때문에 Promise 내부에서 로드된 컴포넌트를 Promise 밖으로 빼내야 합니다.

다행히 리액트는 이런 문제를 해결하기 위해 아주 유용한 함수 lazy와 Suspense를 제공합니다. 이 함수를 이용하면 비동기 문제를 신경 쓰지 않고 간편하게 동적 import를 할 수 있습니다. 아래 코드를 봅시다.

```
import React, { Suspense } from 'react'

const SomeComponent = React.lazy(() => import('./SomeComponent'))

function MyComponent() {
  return (
```

```
    <div>
      <Suspense fallback={<div>Loading...</div>}>
        <SomeComponent />
      </Suspense>
    </div>
  )
}
```

React.lazy와 Suspense

lazy 함수는 동적 import를 호출하여 그 결과인 Promise를 반환하는 함수를 인자로 받습니다. 그렇게 lazy 함수가 반환한 값, 즉 import한 컴포넌트는 Suspense 안에서 렌더링해야 합니다. 그러면 동적 import를 하는 동안 Some Component가 아직 값을 갖지 못할 때는 Suspense의 fallback prop에 정의된 내용으로 렌더링되고, 이후 SomeComponent가 온전히 로드됐을 때 fallback 값으로 렌더링된 Suspense가 정상적으로 SomeComponent를 렌더링합니다.

여기서는 페이지별로 코드를 분할할 예정이므로 Router 쪽에 이 코드를 적용해야 합니다. 다음과 같이 Router에 lazy 함수를 적용할 수 있습니다.

```
import React, { Suspense, lazy } from 'react'
import { Switch, Route } from 'react-router-dom'
import './App.css'
// import ListPage from './pages/ListPage/index'
// import ViewPage from './pages/ViewPage/index'

const ListPage = lazy(() => import('./pages/ListPage/index'))
const ViewPage = lazy(() => import('./pages/ViewPage/index'))

function App() {
  return (
    <div className='App'>
      <Suspense fallback={<div>로딩 중...</div>}>
        <Switch>
          <Route path='/' component={ListPage} exact />
          <Route path='/view/:id' component={ViewPage} exact />
        </Switch>
      </Suspense>
    </div>
```

```
    )
}
```

위 코드는 블로그 서비스의 App.js의 Router에 lazy 함수를 적용한 모습입니다. 원래는 주석 처리한 코드처럼 정적으로 import했던 페이지 컴포넌트들을 동적 import하여 lazy 함수로 감싸 주었고, 해당 페이지 컴포넌트들이 렌더링될 Switch 컴포넌트 전체를 Suspense로 감쌌습니다. 이렇게 하면 각 페이지 컴포넌트는 코드가 분할되고, 사용자가 목록 페이지에 접근했을 때 전체 코드가 아닌 ListPage 컴포넌트의 코드만 동적으로 import하여 화면을 띄웁니다.

!  여기서 Suspense로 동적 import한 컴포넌트를 감싸지 않으면 컴포넌트가 제대로 로드되지 않는 순간이 생기기 때문에 그림 1-54와 같은 에러가 발생합니다.

> Error: A React component suspended while rendering, but no  ×
> fallback UI was specified.
>
> Add a <Suspense fallback=...> component higher in the tree to
> provide a loading indicator or placeholder to display.

그림 1-54 Suspense로 감싸지 않는 경우 발생하는 에러

자, 위 코드를 통해 번들 파일이 어떻게 변했는지 확인해 볼까요?

서비스의 번들 구조가 그림 1-55와 같이 쪼개졌습니다. 꽤 많은 파일로 쪼개졌는데, 중요한 몇 가지 번들을 확인해 보겠습니다.[9]

- 0.chunk.js: ListPage에서 사용하는 외부 패키지를 모아 둔 번들 파일(axios)
- 3.chunk.js: ViewPage에서 사용하는 외부 패키지를 모아 둔 번들 파일 (react-syntax-highlighter)
- 4.chunk.js: 리액트 공통 패키지를 모아 둔 번들 파일(react-dom 등)

---

9  Page 컴포넌트와 Page 컴포넌트에서 사용하는 외부 패키지가 따로 번들링된 것은 Create React App에서 제공하는 webpack 설정 때문입니다.

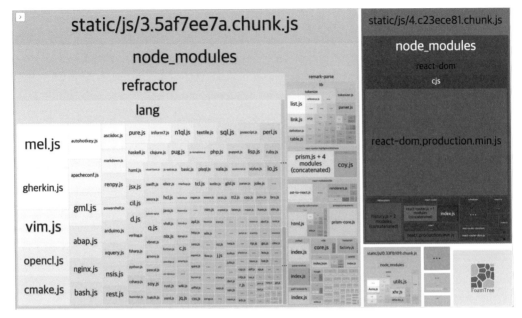

그림 1-55 코드 분할 후 번들 파일

- 5.chunk.js: ListPage 컴포넌트 번들 파일
- 6.chunk.js: ViewPage 컴포넌트 번들 파일

Performance 패널도 확인해 봅시다. 목록 페이지에서 전에는 대략 4.2MB에 6.3초 정도 걸렸던 chunk 파일이 코드 분할 후에는 대략 1.9MB에 3초 정도로 줄어든 것을 볼 수 있습니다. 물론 1.9MB에 3초도 빠른 편은 아니지만, 나중에 production 빌드를 통해 번들링하면 많은 부분 감소할 것입니다. 또한 여기서 는 Network throttling을 'Fast 3G'로 설정해 둔 상태이기 때문에 실제 네트워크 환경에서는 더욱 빠르게 다운로드될 것입니다.

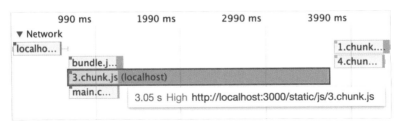

그림 1-56 코드 분할 후 번들 파일 크기 및 다운로드 시간

블로그 글 상세 페이지로 진입하면 어떻게 되는지도 확인해 봅시다. 블로그 글 목록 페이지에서 Network 패널을 열어 둔 채 특정 글의 상세 페이지로 이동하면, '로딩 중...'이라는 문구가 뜨면서 새로운 자바스크립트 파일을 불러오는 것을 볼 수 있습니다. 이것이 바로 분할된 ViewPage의 코드를 지연 로딩하는 것입니다.

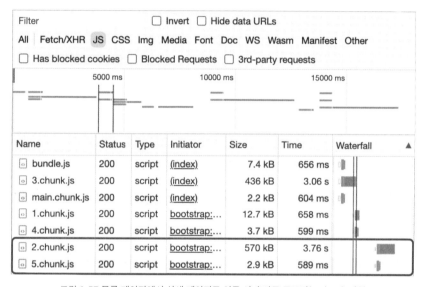

그림 1-57 목록 페이지에서 상세 페이지로 이동 시 추가로 로드되는 chunk 파일

성능이 한층 좋아졌습니다. 여유가 되면, 직접 Lighthouse 검사를 통해 전후의 점수가 어떻게 다른지 비교해 보는 것도 좋겠습니다.

## 텍스트 압축

### production 환경과 development 환경

지금까지 이미지 사이즈 최적화, 병목 코드 최적화, 코드 분할 기법을 통해 서비스 성능을 향상해 보았습니다. 이 기법이 모두 적용된 상태로 목록 페이지 성능을 Lighthouse로 측정해 보면, 그림 1-58과 같이 처음 측정했던 점수보다 크게 향상된 것을 볼 수 있습니다.

그런데 여기서 간과하면 안 되는 것이 하나 있습니다. 지금 블로그 서비

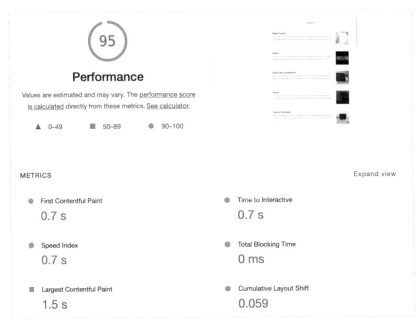

그림 1-58 목록 페이지 Lighthouse 검사 결과

스가 실행되고 있는 환경[10]이 production 환경이 아니라 development 환경이라는 겁니다. 이 점을 짚고 넘어가야 하는 이유는 create-react-app의 경우 production 환경과 development 환경에 차이가 있기 때문입니다. 예를 들어, production 환경일 때는 webpack에서 경량화라든지 난독화(uglify) 같은 추가적인 최적화 작업을 합니다. 반면에 development 환경에서는 그런 최적화 작업 없이 서비스를 실행합니다. 즉, 각 환경에서 성능을 측정할 때 차이가 있으므로 최종 서비스의 성능을 측정할 때는 실제 사용자에게 제공되는 production 환경으로 빌드된 서비스의 성능을 측정해야 합니다.

production 환경에서는 앞서 실행한 npm run start 명령어가 아닌 npm run build를 통해 서비스 코드를 번들링하고 최종적으로 빌드된 파일을 서비스하면 됩니다. 빌드된 파일을 서비스하는 방법에는 여러 가지가 있는데요. 여기서는 미리 만들어 둔 npm run serve라는 명령어를 통해 빌드된 파일을 서비스해 보겠습니다.

---

10 여기서 말하는 환경이란 NODE_ENV 환경 변수를 의미합니다. create-react-app에서 NODE_ENV를 npm run start에서는 'development'로, npm run build에서는 'production'으로 설정합니다.

> 📦 **npm run serve 살펴보기**
>
> npm run serve 명령어에서는 먼저 빌드를 합니다. 빌드가 완료되면 serve라는 라이브러
> 리를 통해 /build 폴더에 있는 파일을 서비스합니다. serve 라이브러리는 특정 파일 또는 폴
> 더를 간단하게 웹에서 서비스할 수 있게 돕는 라이브러리입니다.

```
→  lecture-1 git:(book/1-7) npm run serve

> lecture-1@0.1.0 serve
> npm run build && node ./node_modules/serve/bin/serve.js -u -s build


> lecture-1@0.1.0 build
> react-scripts build

Creating an optimized production build...
Browserslist: caniuse-lite is outdated. Please run next command `yarn upgrade`
Compiled successfully.

┌─────────────────────────────────────────────────────────────┐
│                                                               │
│   Serving!                                                    │
│                                                               │
│   - Local:            http://localhost:5000                   │
│   - On Your Network:  http://192.168.200.136:5000             │
│                                                               │
│   Copied local address to clipboard!                          │
│                                                               │
└─────────────────────────────────────────────────────────────┘
```

그림 1-59 npm run serve 실행 화면

serve 명령어가 정상적으로 실행됐다면 그림 1-59와 같은 결과를 볼 수 있으며, 5000번 포트에서 서비스되는 것을 확인할 수 있습니다. 그럼 npm run start로 실행한 것과 npm run serve로 실행한 것에 어떤 차이가 있는지 살펴봅시다.(그림 1-60, 그림 1-61)

단순히 빌드 전후 서비스를 비교한 것이기 때문에 기능상 차이는 없습니다. 하지만 일부 번들 파일의 사이즈에 큰 차이가 있는 것을 볼 수 있습니다. 비록 chunk 파일의 이름이 조금 달라지긴 했지만, 가장 큰 chunk 파일을 보면 436kB에서 156kB로 줄어들었습니다. 왜냐하면 빌드할 때 경량화 같은 최적화가 이루어졌기 때문이죠.

| Name | Status | Type | Initiator | Size | Time |
|---|---|---|---|---|---|
| ⊙ bundle.js | 200 | script | (index) | 7.4 kB | 640 ms |
| ⊙ 3.chunk.js | 200 | script | (index) | 436 kB | 3.04 s |
| ⊙ main.chunk.js | 200 | script | (index) | 2.2 kB | 605 ms |
| ⊙ 1.chunk.js | 200 | script | bootstrap… | 12.7 kB | 668 ms |
| ⊙ 4.chunk.js | 200 | script | bootstrap… | 3.7 kB | 616 ms |

그림 1-60 npm run start의 chunk 파일 (빌드 전)

| Name | Status | Type | Initiator | Size | Time |
|---|---|---|---|---|---|
| ⊙ 4.c23ece81… | 200 | script | (index) | 156 kB | 1.45 s |
| ⊙ main.a1df8… | 200 | script | (index) | 1.2 kB | 579 ms |
| ⊙ 0.33f1b109… | 200 | script | (index):1 | 16.6 kB | 690 ms |
| ⊙ 5.0f1a08e2…. | 200 | script | (index):1 | 3.1 kB | 622 ms |

그림 1-61 npm run serve의 chunk 파일 (빌드 후)

이번에는 Lighthouse를 통해 검사를 해볼 텐데, 목록 페이지가 아닌 상세 페이지를 검사해 봅시다.

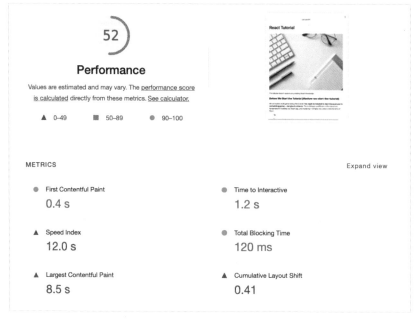

그림 1-62 빌드 후 상세 페이지의 Lighthouse 검사 결과

production 환경(npm run serve)의 상세 페이지를 Lighthouse로 검사했더니 점수가 많이 낮습니다. 왜냐하면 상세 페이지의 경우 앞 절에서 분할했던 큰 패키지가 번들 파일에 포함되어 있고 블로그 글 내용이 모두 들어 있기도 해서 성능 점수가 목록 페이지에 비해 낮을 수 있습니다. 하지만 그럼에도 한 가지 짚고 넘어갈 부분이 있습니다. 바로 Opportunities 섹션에 있는 'Enable text compression'이라는 항목입니다.[11]

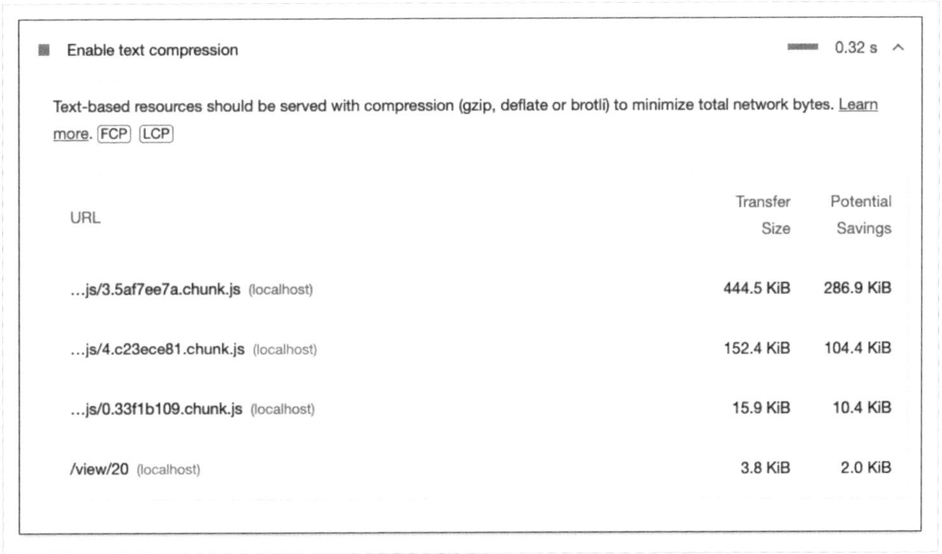

그림 1-63 Enable text compression 항목

이 항목은 '서버로부터 리소스를 받을 때, 텍스트 압축을 해서 받아라'라는 의미입니다. 그리고 이 항목에서 말하는 대로 하면 대략 444KiB인 청크 파일(3.chunk.js)을 268KiB 정도 줄이고, 다운로드 시간을 0.3초 정도 단축시킬 수 있다고 합니다. 예상치만 보면 굉장히 좋은 최적화 기법처럼 보입니다. 따라서 이번에는 텍스트 압축(text compression)이 무엇이고, 어떻게 적용할 수 있는지 알아보겠습니다.

---

11 여기서 목록 페이지가 아닌 상세 페이지로 확인하는 이유는 목록 페이지의 번들 파일이 작다 보니 Lighthouse에서 텍스트 압축을 유의미한 작업이라고 판단하지 못해 'Enable text compression' 항목을 보여 주지 않습니다. 따라서 목록 페이지가 아닌 상대적으로 더 번들 파일이 큰 상세 페이지에서 확인하는 것입니다.

## 텍스트 압축이란

그림 1-64 일반적인 텍스트 파일 로드

웹 페이지를 로드할 때는 다양한 리소스를 다운로드합니다.(그림 1-64) 대표적으로 HTML, CSS, 자바스크립트와 같은 텍스트 형태의 파일이 있습니다. 이런 리소스를 다운로드할 때 파일 크기가 클수록 로딩이 완료되는 데 오래 걸립니다. 따라서 리소스가 빠르게 다운로드될 수 있도록 코드 분할 같은 최적화 기법을 적용하여 리소스의 크기를 줄여 보았습니다. 이번에 알아볼 텍스트 압축 기법도 리소스의 크기를 줄이는 기법 중 하나입니다.

텍스트 압축이란 말 그대로 텍스트를 압축하는 것입니다. 기본적으로 HTML, CSS, 자바스크립트는 텍스트 기반의 파일이기 때문에 텍스트 압축 기법을 적용할 수 있습니다. 이런 파일을 압축하여 더 작은 크기로 빠르게 전송한 뒤, 사용하는 시점에 압축을 해제합니다. 이때 압축한 만큼 파일 사이즈가 작아질 테니 리소스를 전송하는 시간도 단축되는 것이죠.[12]

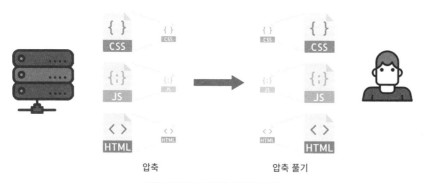

압축                    압축 풀기

그림 1-65 텍스트 압축 후 파일 로드

12 Icon made by Pixel perfect, Smashicons, itim2101 from *www.flation.com*(그림 1-64, 1-65)

압축 여부를 확인하려면 HTTP의 헤더를 살펴보면 됩니다. 블로그 서비스에서는 API 데이터에 텍스트 압축이 적용되어 있는데요. Network 패널 articles API 항목을 확인해 보면, 응답 헤더(Response Headers)에 'Content-Encoding: gzip' 이라고 되어 있는 것을 볼 수 있습니다. 이 리소스가 gzip이라는 방식으로 압축되어 전송되었다는 의미입니다.

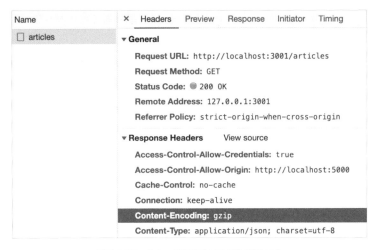

그림 1-66 articles API의 텍스트 압축 적용 모습

그에 반해 main 번들 파일을 확인해 보면, 응답 헤더에 'Content-Encoding'이라는 항목이 없습니다. 즉, 텍스트 압축이 적용되어 있지 않다는 의미이고, 바로 이런 파일에 텍스트 압축을 적용할 예정입니다.

### 압축 방식

웹에서 사용하는 압축 방식에는 크게 두 가지가 있습니다. 바로 Gzip과 Deflate입니다. Deflate는 LZ77이라는 알고리즘과 허프먼 코딩을 사용하여 데이터를 감싸는 매우 인기 있는 압축 방식인데요. Gzip은 블록화, 휴리스틱 필터링, 헤더와 체크섬과 함께 내부적으로 Deflate를 사용하는 압축 방식입니다. 여러 가지 기법이 추가되었기 때문에 Gzip은 Deflate를 단독으로 사용하는 것보다 더 좋은 압축률을 제공합니다. 압축 알고리즘에 대해서는 더 깊이 있는 내용이 많지만, 여기서는 웹에서 텍스트를 압축할 때 Gzip과 Deflate라는 두 가지 방식을 사용한다는 것만 이해하면 됩니다.

## 텍스트 압축 적용

본격적으로 블로그 서비스에서 사용하는 리소스에 텍스트 압축을 적용해 봅시다. 텍스트 압축은 이 리소스를 제공하는 서버에서 설정해야 합니다. 이 서비스의 서버는 serve라는 라이브러리였죠? 해당 명령어를 다시 한 번 자세히 살펴보면 두 가지 옵션이 붙은 것을 볼 수 있습니다. 바로 u 옵션과 s 옵션입니다.

```
"scripts": {
  "start": "react-scripts start",
  "build": "react-scripts build",
  "serve": "npm run build && node ./node_modules/serve/bin/serve.js -u -s build",
  "server": "node ./node_modules/json-server/lib/cli/bin.js --watch ./server/databas
},
```

그림 1-67 serve 명령어의 u, s 옵션

해당 옵션을 확인하기 위해 serve에 help 명령어를 입력해 보면, 다음과 같이 옵션 리스트를 볼 수 있습니다.

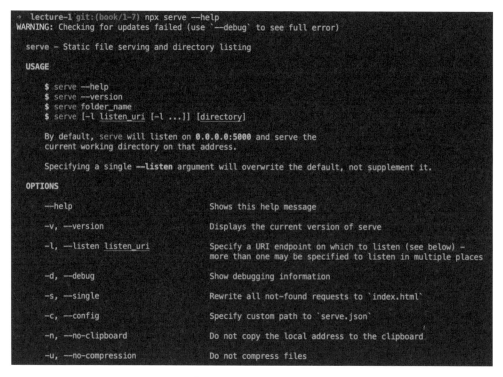

```
→ lecture-1 git:(book/1-7) npx serve --help
WARNING: Checking for updates failed (use `--debug` to see full error)

  serve - Static file serving and directory listing

  USAGE

      $ serve --help
      $ serve --version
      $ serve folder_name
      $ serve [-l listen_uri [-l ...]] [directory]

      By default, serve will listen on 0.0.0.0:5000 and serve the
      current working directory on that address.

      Specifying a single --listen argument will overwrite the default, not supplement it.

  OPTIONS

      --help                    Shows this help message

      -v, --version             Displays the current version of serve

      -l, --listen listen_uri   Specify a URI endpoint on which to listen (see below) -
                                more than one may be specified to listen in multiple places

      -d, --debug               Show debugging information

      -s, --single              Rewrite all not-found requests to `index.html`

      -c, --config              Specify custom path to `serve.json`

      -n, --no-clipboard        Do not copy the local address to the clipboard

      -u, --no-compression      Do not compress files
```

그림 1-68 serve 명령어의 옵션 설명

그림 1-68에 따르면 s 옵션은 SPA 서비스를 위해 매칭되지 않는 주소는 모두 index.html로 보내겠다는 옵션이고, u 옵션은 텍스트 압축을 하지 않겠다는 옵션입니다. 즉, 텍스트 압축을 적용하기 위해서는 이 u 옵션만 제거하면 됨을 알 수 있습니다. 그럼 한 번 u 옵션을 제거한 다음, 다시 실행해 볼까요?

> 📦 **실제 서버에서 텍스트 압축 적용**
>
> 여기서는 serve 라이브러리에서 제공하는 옵션으로 텍스트 압축 설정을 했지만, 다른 서버를 통해 번들 파일을 서비스한다면, 해당 서버에 직접 텍스트 압축 설정을 해야 합니다. 만약 단일 서버가 아닌 여러 서버를 사용하고 있다면, Nginx와 같은 게이트웨이 서버에 공통적으로 텍스트 압축을 적용할 수도 있습니다.

다시 실행한 후 살펴보면, 번들 파일의 사이즈가 줄어든 것과 응답 헤더에 'Content-Encoding' 값이 gzip으로 설정된 것을 볼 수 있습니다.

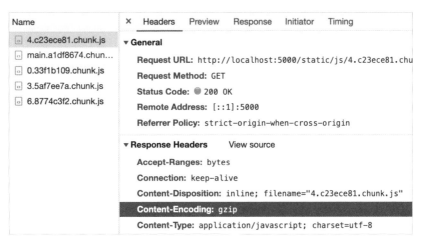

그림 1-69 텍스트 압축이 적용된 chunk 파일

상세 페이지를 Lighthouse로 다시 검사해 봅시다. Lighthouse로 검사해 보니 적용 전보다 조금 더 향상된 성능 점수와 함께 Opportunities 섹션에서 'Enable text compression' 항목이 사라진 것을 확인할 수 있습니다.(그림 1-70)

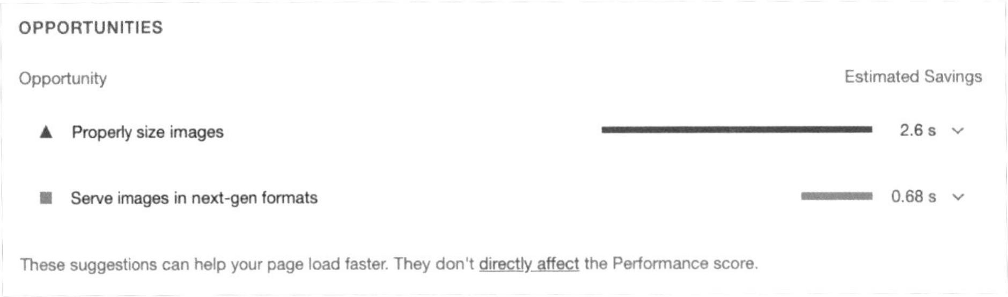

| OPPORTUNITIES | |
|---|---|
| Opportunity | Estimated Savings |
| ▲ Properly size images | 2.6 s ⌄ |
| ▪ Serve images in next-gen formats | 0.68 s ⌄ |

These suggestions can help your page load faster. They don't <u>directly affect</u> the Performance score.

그림 1-70 사라진 Enable text compression 항목

# 2장

**F r o n t - e n d   P e r f o r m a n c e**   Optimization

# 올림픽 통계 서비스 최적화

## 실습 내용 소개

이 장에서 분석할 서비스는 올림픽 통계 서비스입니다. 이 서비스는 리우 올림픽과 런던 올림픽 정보와 사진을 비교하여 보여 주고, 하단에는 그에 대한 설문조사 결과를 보여 줍니다. 설문조사 결과는 막대 그래프로 나타나는데, 항목을 클릭하면 해당 항목에 대해 필터링되어 그래프가 애니메이션과 함께 변합니다.(그림 2-1)

## 이 장에서 학습할 최적화 기법

이 장에서는 다음과 같은 내용을 실습합니다.

- CSS 애니메이션 최적화
- 컴포넌트 지연 로딩
- 컴포넌트 사전 로딩
- 이미지 사전 로딩

### 애니메이션 최적화

앞서 언급했듯이 설문조사 결과 그래프에는 애니메이션이 적용되어 있습니다. 하지만 어떤 이유 때문인지 애니메이션이 버벅거립니다. 이 문제를 해결하기

| | 리우 올림픽 | 런던 올림픽 |
|---|---|---|
| 기간 | 8월 5일 ~ 8월 21일 | 7월 27일 ~ 8월 12일 |
| 개최지 | 브라질, 리우 | 영국, 런던 |
| 참가 선수 | 11,238 | 10,568 |
| 참가국 | 207 | 204 |
| 종목 수 | 306 | 302 |

올림픽 사진 보기

### 설문 결과

Q2. 어떤 올림픽이 더 재밌었나요?

| 64.5% | 리우 올림픽 | 302 |
|---|---|---|
| 35.5% | 런던 올림픽 | 166 |

Q3. 리우 올림픽에서 가장 재밌었던 종목은 무엇인가요?

| 0% | 수영 | |
|---|---|---|
| 100.0% | 축구 | 468 |
| 0% | 양궁 | |
| 0% | 배드민턴 | |

그림 2-1 올림픽 통계 서비스 스크린샷

위해 브라우저가 어떻게 화면을 그리는지 학습하고, 이를 바탕으로 해결책을 찾아 적용해 보겠습니다.

**컴포넌트 지연 로딩**

1장에서 코드 분할 기법에 대해 배웠습니다. 이 기법을 이용해 분할된 코드를 필요한 시점에 로드되도록 했습니다. 이번에도 비슷하지만 페이지 코드 자체를 분할하는 대신 단일 컴포넌트를 분할하여 컴포넌트가 쓰이는 순간에 불러오도록 만들 것입니다.

## 컴포넌트 사전 로딩

컴포넌트 코드를 분할하여 지연 로딩을 적용하면, 첫 화면 진입 시 분할된 코드 중 당장 필요한 코드만 다운로드하기 때문에 첫 화면을 더 빠르게 그릴 수 있게 됩니다. 하지만 서비스 이용 과정에서 분할된 컴포넌트를 사용하려고 할 때, 다운로드되어 있지 않은 코드를 추가로 다운로드하는 시간만큼 서비스 이용에 지연이 발생합니다.

이런 문제를 해결하기 위해서, 코드를 분할하여 첫 화면 진입 시에는 다운로드하지 않지만, 이후 해당 코드가 필요한 시점보다는 먼저 코드를 로드하여 해당 코드를 지연 없이 사용할 수 있도록 하는 컴포넌트 사전 로딩 기법을 살펴보겠습니다.

## 이미지 사전 로딩

이미지도 컴포넌트와 마찬가지입니다. 이미지를 필요한 시점에 로드하면 이미지가 로드되는 시간만큼 기다려야겠죠? 그래서 이미지도 필요한 시점보다 먼저 다운로드해 두고, 필요할 때 바로 이미지를 보여 줄 수 있도록 하는 이미지 사전 로딩 기법을 적용해 볼 것입니다.

## 분석 툴 소개

이번 실습에서 사용할 툴은 다음과 같습니다.

- 크롬 Network 패널
- 크롬 Performance 패널
- Webpack Bundle Analyzer

위 세 가지 툴은 1장에서 이미 사용해 본 툴입니다. 추가적인 설명은 생략하겠습니다.

# 서비스 탐색 및 코드 분석

본격적으로 코드를 다운로드하고 서비스를 살펴봅시다.

### 코드 다운로드

이 장에서 분석해 볼 웹 서비스는 다음 깃허브 주소에서 다운로드할 수 있습니다.

**URL** *https://github.com/performance-lecture/lecture-2*

1장과 마찬가지로 작업할 공간에서 다음과 같이 해당 리포지터리를 복제하면 됩니다.

```
$ git clone https://github.com/performance-lecture/lecture-2.git
```

### 서비스 실행

코드가 다운로드되면 다음 코드를 실행하여 서비스 실행에 필요한 모듈을 설치해 줍니다.

```
$ npm install
```

서비스는 다음 명령어로 실행할 수 있습니다.

```
$ npm run start
```

올림픽 통계 서비스도 1장의 블로그 서비스와 동일하게 API 서버가 필요합니다. API 서버를 실행하기 위해서는 다음과 같이 명령어를 입력하면 됩니다.

```
$ npm run server
```

이렇게 두 가지 명령어를 각각 실행하면 localhost:3000에서 올림픽 통계 서비

스가 뜨는 것을 확인할 수 있습니다. 1장의 블로그 서비스와 동일하게 서비스
는 3000번 포트에서 실행되고, API 서버는 5000번 포트에서 실행됩니다.

### 서비스 탐색

이 서비스는 리우 올림픽과 런던 올림픽을 비교하는 단일 페이지로 이루어진
사이트입니다. 가장 먼저 보이는 사진과 표를 보면 바로 알 수 있습니다.

| | 리우 올림픽 | 런던 올림픽 |
|---|---|---|
| 기간 | 8월 5일 ~ 8월 21일 | 7월 27일 ~ 8월 12일 |
| 개최지 | 브라질, 리우 | 영국, 런던 |
| 참가 선수 | 11,238 | 10,568 |
| 참가국 | 207 | 204 |
| 종목 수 | 306 | 302 |

올림픽 사진 보기

그림 2-2 올림픽 통계 서비스의 헤더와 표

여기서 눈의 띄는 것은 리우 올림픽과 런던 올림픽을 비교하는 표 하단에 있는
'올림픽 사진 보기' 버튼입니다. 이 버튼을 눌러 보면 모달이 뜨면서 올림픽 사
진을 캐러셀(carousel) 형태로 보여 줍니다.(그림 2-3)

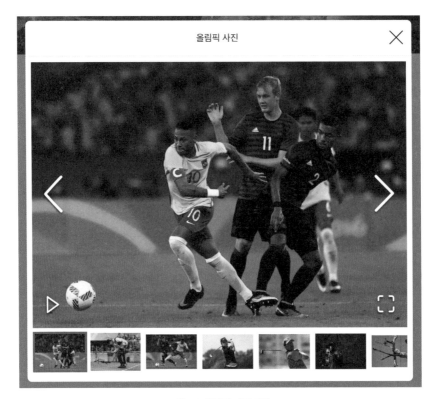

그림 2-3 올림픽 사진 모달

그런데 이상한 건 이 사진이 로드되기 전에는 모달이 이상한 형태로 깨져 있다는 것입니다. 이 현상을 더 확실하게 보고 싶다면 Network 패널에서 throttling 옵션을 'Fast 3G'로 설정하고 'Disable cache' 옵션에 체크한 후 다시 모달을 띄워 보면 깨지는 현상을 더욱 확실히 볼 수 있습니다.

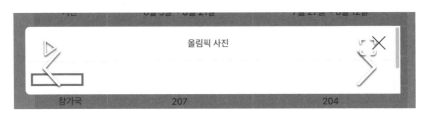

그림 2-4 사진이 로드되기 전 깨져 있는 올림픽 사진 모달

이것만 봤을 때 사진 사이즈가 너무 커서 늦게 로드되는 것으로 추측할 수 있습니다. 이런 현상은 서비스 이용에 불편을 주므로 반드시 최적화해야 합니다.

아래 콘텐츠를 이어서 살펴봅시다. '올림픽 사진 보기' 버튼 아래에는 설문 결과 항목이 있습니다. 설문 결과는 막대 그래프로 표시되어 있고, 하나의 항목을 클릭하면 해당 답변에 응답한 사람들에 대해서만 필터링을 하여 그래프를 다시 보여 줍니다. 그런데 새로운 결과를 보여 줄 때 막대 길이가 애니메이션을 통해 변화하는데 어딘가 뚝뚝 끊기는 듯한 느낌이 듭니다. 너무 순식간에 애니메이션이 끝나 버려서 정확히 판단하기는 어렵지만, 이 애니메이션이 조금 더 부드럽다면 보기 좋을 것 같습니다. 이 문제 역시 최적화 포인트로 자세히 다뤄 보겠습니다.

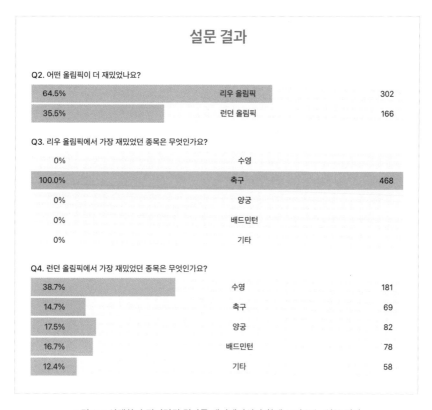

그림 2-5 선택하면 필터링된 결과를 애니메이션과 함께 보여 주는 설문 결과

## 코드 분석

이번에는 VSCode를 통해 프로젝트를 열어 봅시다. 그러면 다음과 같은 폴더 구조를 볼 수 있습니다.

```
├── public
├── server
│   ├── config.json        # API 서버를 실행할 때 필요한 설정
│   └── database.json      # 올림픽 통계 서비스의 데이터베이스 파일
├── src
│   ├── assets             # 올림픽 통계 서비스에서 사용하는 이미지 파일들
│   │   ├── btn-close.png
│   │   ├── london-2012.jpg
│   │   ├── london-flag.png
│   │   ├── rio-2016.jpg
│   │   └── rio-flag.jpeg
│   ├── components         # 올림픽 통계 서비스에서 사용하는 컴포넌트
│   │   ├── Bar.js         # 설문 결과 그래프의 막대 컴포넌트
│   │   ├── Footer.js      # 푸터 컴포넌트
│   │   ├── Header.js      # 상단에 두 올림픽의 대표 이미지를 보여 주는 헤더 컴포넌트
│   │   ├── ImageModal.js  # 올림픽 사진을 보여 주는 모달 컴포넌트
│   │   ├── InfoTable.js   # 올림픽 정보를 보여 주는 테이블 컴포넌트
│   │   ├── SurveyChart.js # 설문 결과 컴포넌트
│   │   └── SurveyItem.js  # 하나의 설문에 대한 컴포넌트
│   ├── App.js
│   ├── index.css
│   └── index.js
├── README.md
├── package-lock.json
└── package.json
```

간단한 단일 페이지 서비스이므로 폴더 구조를 보고 서비스를 이해하는 데 어려움은 없을 것입니다. 이 중에서 조금 중요한 파일을 함께 살펴보겠습니다.

### App 컴포넌트(src/App.js)

```
function App() {
  const [showModal, setShowModal] = useState(false)

  return (
    <div className="App">
      <Header />
      <InfoTable />
      <ButtonModal onClick={() => { setShowModal(true) }}>올림픽 사진 보기
      </ButtonModal>
      <SurveyChart />
```

```
        <Footer />
        {showModal ? <ImageModal closeModal={() => { setShowModal(false)
            }} /> : null}
      </div>
    )
}
```

App 컴포넌트의 코드입니다. 화면의 각 영역이 각자의 개별 컴포넌트로 분리되어 있는 것을 볼 수 있습니다. 여기서 한 가지 유심히 봐야 할 부분은 ImageModal인데요. 처음에는 showModal이라는 state가 false이기 때문에 화면에 보이지 않지만, showModal이 true가 되면서 ImageModal이 화면에 보이게 됩니다. 어떻게 보면 모달 컴포넌트에 대한 간단한 로직이지만 짚고 넘어가야 할 것이 있습니다. 바로 처음에는 ImageModal이 화면에 보이지 않는다는 사실입니다. 이 부분에 대해서는 뒤에서 자세히 다루겠습니다. 여기서는 이 부분이 중요하다는 점만 염두에 두고 넘어갑시다.

**ImageModal 컴포넌트(src/components/ImageModal.js)**

```
import ImageGallery from 'react-image-gallery'
import 'react-image-gallery/styles/css/image-gallery.css'

const ImageModal = (props) => {
  const images = [
    {
      original: 'https://stillmed.olympic.org/media/Photos/2016/08/20/
                part-1/20-08-2016-Football-Men-01.jpg?interpolation=
                lanczos-none&resize=*:800',
      thumbnail: 'https://stillmed.olympic.org/media/Photos/2016/08/20/
                part-1/20-08-2016-Football-Men-01.jpg?interpolation=
                lanczos-none&resize=*:150',
    },
    ...
  ]

  return (
    <ImageModalWrapper>
      <ImageModalContainer>
        <BtnClose src={btnClose} onClick={props.closeModal} />
        <ModalHeader>올림픽 사진</ModalHeader>
```

```
            <Modalbody>
              <ImageGallery items={images} />
            </Modalbody>
          </ImageModalContainer>
        </ImageModalWrapper>
    )
  }
```

ImageModal 컴포넌트의 코드입니다. 여기서는 두 가지를 중점으로 보면 좋습니다. 바로 react-image-gallery라는 외부 라이브러리를 사용한다는 점과 그 라이브러리(ImageGallery)에 이미지 데이터를 넘겨 화면에 표시한다는 점입니다. 외부 라이브러리를 사용한다는 건 해당 라이브러리의 사이즈만큼 최종 번들링된 자바스크립트의 사이즈도 커진다는 것을 의미하고, 이는 곧 서비스의 자바스크립트를 로드하는 데 시간이 오래 걸린다는 뜻입니다. 이미지의 경우는 이미지 자체를 로드하는 데 시간이 걸려 사용자에게 늦게 보일 수도 있고, 더 중요한 리소스를 로드하는 것을 방해할 수도 있기 때문에 언제나 유심히 살펴야 합니다.

**Bar 컴포넌트(src/components/Bar.js)**

```
const Bar = (props) => {
  return (
    <BarWrapper onClick={props.handleClickBar}
                isSelected={props.isSelected}>
      <BarInfo>
        <Percent>{props.percent}%</Percent>
        <ItemValue>{props.itemValue}</ItemValue>
        <Count>{props.count}</Count>
      </BarInfo>
      <BarGraph width={props.percent}
                isSelected={props.isSelected}></BarGraph>
    </BarWrapper>
  )
}

const BarGraph = styled.div`
  position: absolute;
  left: 0;
```

```
  top: 0;
  width: ${(({ width }) => width}%;
  transition: width 1.5s ease;
  height: 100%;
  background: ${(({ isSelected }) =>
    isSelected ? 'rgba(126, 198, 81, 0.7)' : 'rgb(198, 198, 198)'};
  z-index: 1;
`
```

Bar 컴포넌트의 코드입니다. Bar 컴포넌트에는 막대 그래프와 그 안의 텍스트를 그리기 위한 요소가 있습니다. 여기서 중요하게 살펴볼 부분은 styled-components를 이용하여 구현한 BarGraph의 width 속성과 transition 속성입니다. 단순하게는 percent prop에 따라 막대 그래프의 가로 길이를 조절하고 있는 속성인데요. 만약 percent가 바뀌면 width 값이 같이 바뀌면서 transition 속성에 의해 애니메이션이 일어날 것입니다. 코드만 봤을 때는 별 문제 없어 보이지만 브라우저의 원리를 알고 나면 이 코드가 불편하게 느껴질 것입니다.

## 애니메이션 최적화

### 문제의 애니메이션 찾기

이 장에서 살펴볼 첫 번째 최적화 기법은 애니메이션 최적화입니다. 앞서 올림픽 통계 서비스에 대해 살펴봤는데, 애니메이션이 들어간 곳이 한 군데 있었습니다. 바로 설문 결과 영역입니다. 설문 항목을 클릭하면 해당 응답에 대해 필터링되고 막대 그래프의 배경 색과 막대의 가로 길이가 변합니다.

그런데 이 애니메이션을 계속 보다 보면 약간 이상하게 느껴집니다. 직접 눈으로 봐야 알 수 있는데, 가로 막대가 늘어날 때 부드럽게 늘어나지 않고 어딘가 살짝 끊기는 듯한 느낌이 있습니다. 여러분도 직접 애니메이션을 실행해서 확인해 보세요. 만약 컴퓨터 성능이 정말 좋다면 잘 느껴지지 않을 수도 있습니다. 그럴 땐 개발자 도구를 열고 Performance 패널의 CPU 설정을 '6x slowdown'으로 설정하면 애니메이션이 끊기는 현상을 더 잘 확인할 수 있습니다. (그림 2-6)

그림 2-6 CPU slowdown 설정

이런 끊김 현상을 쟁크(jank)라고 하는데요. 여기서 쟁크 현상이 왜 발생하는 걸까요? 코드에서 살펴봤듯이 이 애니메이션을 일으키는 속성은 transition이 적용된 width 속성일 뿐인데 말입니다.

```
const BarGraph = styled.div`
    position: absolute;
    left: 0;
    top: 0;
    width: ${({width}) => width}%;
    transition: width 1.5s ease;
    height: 100%;
    background: ${({isSelected}) => isSele
    z-index: 1;
```

그림 2-7 막대 그래프의 width 속성 변경 코드

이 문제에 답하려면 먼저 브라우저에서 애니메이션이 어떻게 동작하는지, 그리고 브라우저는 어떤 과정을 거쳐 화면을 그리는지 이해할 필요가 있습니다.

### 애니메이션의 원리

애니메이션의 원리는 여러 장의 이미지를 빠르게 전환하여 우리 눈에 잔상을 남기고, 그로 인해 연속된 이미지가 움직이는 것처럼 느껴지게 하는 것입니다.

그림 2-8 애니메이션을 구성하는 프레임

그런데 만약 이 애니메이션에서 한 장의 이미지가 빠져 버리면 어떻게 될까요?

그림 2-9 한 장이 삭제된 애니메이션

책에서는 직접 확인할 수 없지만, 분명히 어딘가 어색하게 끊기는 느낌이 들 것입니다.

　다양한 주사율의 모니터가 있지만, 일반적으로 사용하는 디스플레이의 주사율은 60Hz입니다. 즉, 1초에 60장의 정지된 화면을 빠르게 보여 준다는 의미입니다. 따라서 브라우저도 이에 맞춰 최대 60FPS(Frames Per Second)로 1초에 60장의 화면을 새로 그립니다.(그림 2-10)

그림 2-10 모니터와 웹 브라우저의 초당 프레임 수

그렇다면 올림픽 통계 서비스의 막대 그래프 애니메이션에서 쟁크 현상이 발생한 이유도 브라우저가 정상적으로 60FPS로 화면을 그리지 못했기 때문이라고 유추해 볼 수 있습니다. 예를 들어 CPU가 다른 일을 하느라 바빠서 초당 60장의 화면을 그리지 못하고, 40장의 화면, 아니면 더 적게 20장의 화면을 그려 애니메이션이 끊기는 느낌을 준 것입니다.

그럼 브라우저는 왜 초당 60프레임을 제대로 그리지 못하는 걸까요? 이 질문에 답하려면 브라우저가 화면을 그리는 과정을 알아야 합니다.

## 브라우저 렌더링 과정

그림 2-11 브라우저 렌더링 과정

브라우저는 기본적으로 위와 같은 과정을 거쳐서 화면을 그립니다. 이러한 과정을 '주요 렌더링 경로(Critical Rendering Path)' 또는 '픽셀 파이프라인(Pixel Pipeline)'이라고 합니다.

### DOM + CSSOM

가장 처음에는 HTML 파일과 CSS 등 화면을 그리는 데 필요한 리소스를 다운로드합니다. 다운로드한 HTML은 브라우저가 이해할 수 있는 형태로 변환하는

파싱(parsing) 과정을 거칩니다. 그렇게 해서 요소 간의 관계가 트리(tree) 구조
로 표현되어 있는 DOM(Document Object Model)을 만듭니다.

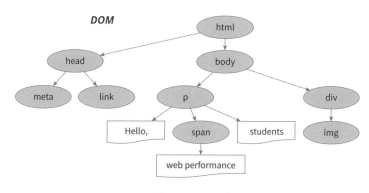

그림 2-12 DOM 구조[1]

마찬가지로 CSS도 HTML과 비슷한 과정을 거쳐 브라우저가 이해할 수 있는 형
태로 변환됩니다. 변환 결과, CSSOM(CSS Object Model)이라는 트리 구조가
생성됩니다. CSSOM은 각 요소가 어떤 스타일을 포함하고 있는지에 대한 정보
를 포함합니다.

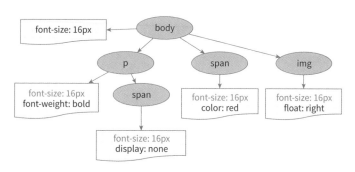

그림 2-13 CSSOM 구조

1   출처: *https://web.dev/critical–rendering–path–constructing–the–object–model/*

### 렌더 트리

렌더 트리(render tree)는 DOM과 CSSOM의 결합으로 생성됩니다. 이 렌더 트리는 화면에 표시되는 각 요소의 레이아웃을 계산하는 데 사용됩니다. 달리 말하면, display: none으로 설정되어 화면에 표시되지 않는 요소는 렌더 트리에 포함되지 않습니다.(그림 2-14)

> ⚠️ display: none은 렌더 트리에 포함되지 않지만, opacity: 0이나 visibility: hidden인 요소는 렌더 트리에 포함됩니다. 이러한 속성은 사용자 눈에는 보이지 않지만 요소 자체가 없어진 것은 아니기 때문입니다.

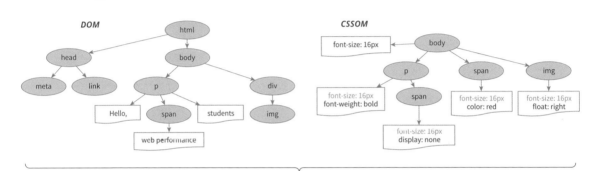

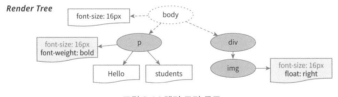

그림 2-14 렌더 트리 구조

### 레이아웃

렌더 트리가 완성이되면, 레이아웃(layout) 단계로 넘어갑니다. 이 레이아웃 단계에서는 화면 구성 요소의 위치나 크기를 계산하고, 해당 위치에 요소를 배치하는 작업을 합니다. 말 그대로 화면의 레이아웃을 잡는 과정입니다.(그림 2-15)

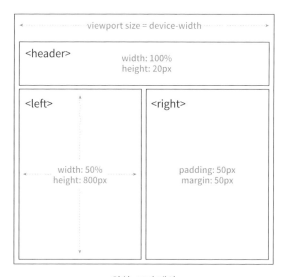

위치, 크기 계산

그림 2-15 레이아웃 작업 예시

**페인트**

화면에 요소의 위치와 크기를 잡아 놨으니, 이제 색을 입힐 차례겠죠? 페인트 (paint) 단계에서는 화면에 배치된 요소에 색을 채워 넣는 작업을 합니다. 예를 들어 배경 색을 채워 넣거나 글자 색을 결정하거나 테두리 색을 변경하는 거 죠. 이때 브라우저는 효율적인 페인트 과정을 위해 구성 요소를 여러 개의 레 이어(layer)로 나눠서 작업하기도 합니다.

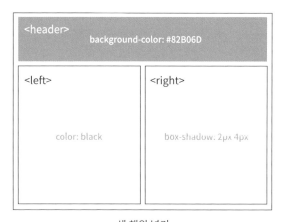

색 채워 넣기

그림 2-16 페인트 작업 예시

**컴포지트**

마지막으로 컴포지트(composite) 단계는 각 레이어를 합성하는 작업을 합니다. 페인트 단계에서 설명한 것처럼 브라우저는 화면을 그릴 때 여러 개의 레이어로 화면을 쪼개서 그립니다. 그런 다음 마지막에 그 레이어를 하나로 합성하는데, 그 단계가 바로 컴포지트 단계입니다.

브라우저 렌더링 과정을 살펴봤는데요. 이 과정을 브라우저에서 직접 확인해 볼 수 있습니다. Performance 패널에서 아무 사이트나 검사한 후, 메인 스레드의 작업을 살펴보면 그림 2-17과 같이 작업 이름이 Parse HTML, Layout, Paint 라고 되어 있는 것을 볼 수 있습니다. 이 작업이 바로 지금까지 살펴본 브라우저 렌더링 과정입니다.

그림 2-17 메인 스레드의 렌더링 작업

차트를 보다 보면 회색 세로 점선을 볼 수 있습니다. 바로 브라우저가 화면을 갱신하는 주기입니다. 앞서 브라우저는 1초에 화면을 최대 60번 그린다고 했는데요. 화면을 그리는 시점이 바로 그림 2-18에서 점선으로 된 시점입니다.

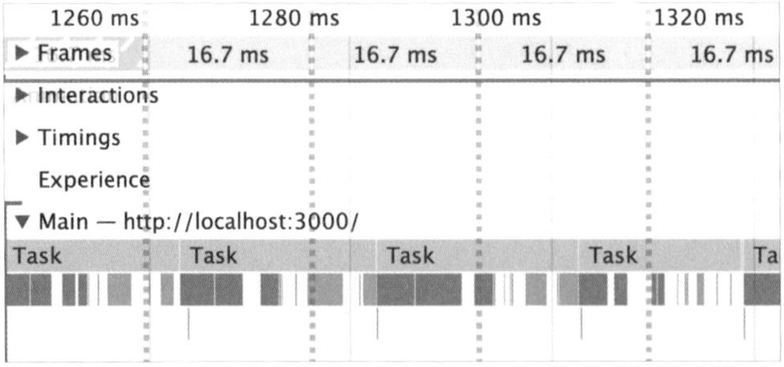

그림 2-18 설문 결과의 애니메이션 과정을 Performance 패널로 검사한 화면

만약 화면이 전부 그려진 후, 설문 결과에서의 애니메이션처럼 일부 요소의 스

타일을 변경하거나 추가, 제거하면 어떻게 될까요? 이런 경우 주요 렌더링 경로에서 거친 과정을 다시 한 번 실행하면서 새로운 화면을 그리는데, 이것을 리플로우(Reflow) 또는 리페인트(Repaint)라고 합니다.

**리플로우와 리페인트**

한 가지 예를 들어 보겠습니다. 처음 화면이 모두 그려진 후, 자바스크립트로 인해 화면 내 어떤 요소의 너비와 높이가 변경되었다고 가정합시다. 그러면 브라우저는 해당 요소의 가로와 세로를 다시 계산하여 변경된 사이즈로 화면을 새로 그릴 것입니다.

앞서 살펴본 주요 렌더링 경로에 대입해 보면, 먼저 요소의 스타일이 변했으니까 CSSOM을 새로 만들어야 합니다. 그리고 나서 변경된 CSSOM을 이용하여 새로운 렌더 트리를 만듭니다. 그리고 요소의 가로와 세로를 변경했으니, 레이아웃 단계에서 당연히 요소의 크기와 위치를 다시 고려해야 합니다. 그다음 변경된 화면 구성에 알맞게 색을 칠하고(페인트) 분할된 레이어를 하나로 합성(컴포지트)하겠죠. 이것을 리플로우라고 합니다.

알아챘을지 모르겠지만, 리플로우는 주요 렌더링 경로의 모든 단계를 모두 재실행합니다. 그렇기 때문에 브라우저 리소스를 많이 사용합니다.

그림 2-19 리플로우 과정

> 🔲 **리플로우와 리페인트를 발생시키는 속성**
> - 리플로우: position, display, width, float, height, font-family, top, left, font-size, font-weight, line-height, min-height, margin, padding, border 등
> - 리페인트: background, background-image, background-position, border-radius, border-style, box-shadow, color, line-style, outline 등

또 다른 경우를 예로 들어 보겠습니다. 이번에는 한 요소의 가로, 세로와 같은 레이아웃 관련 속성이 아니라 글자 색(color)이나 배경 색(background-color) 등, 색상 관련 속성이 변경되었다고 가정해 봅시다.

처음에는 스타일 속성이 변경되었기 때문에 CSSOM이 새로 생성될 것이고, 렌더 트리도 새로 만들어질 것입니다. 하지만 레이아웃 단계는 실행되지 않습니다. 왜냐하면 지금 변경된 내용은 색상에 관련된 내용이지 요소의 위치나 크기에 영향을 주는 내용은 아니기 때문입니다. 그렇게 레이아웃 단계를 건너뛴 뒤, 색을 입히는 페인트 단계, 레이어를 합성하는 컴포지트 단계를 거칩니다. 이것을 리페인트라고 합니다.

리페인트 작업은 레이아웃 단계를 건너뛰었기 때문에 리플로우 작업보다는 조금 더 빠르겠죠? 하지만 리페인트 역시 거의 모든 단계를 거치기 때문에 리소스를 꽤 잡아먹습니다.

그림 2-20 리페인트 과정

정리해 보면, 요소의 상태 변화가 일어나면 리플로우나 리페인트 과정을 거치는데, 이런 과정은 브라우저의 리소스를 많이 잡아먹기 때문에 결국 화면을 새로 그리는 것이 느릴 수밖에 없다는 뜻입니다. 정말 다른 방법이 없을까요?

다행히 리플로우와 리페인트를 피하는 방법이 있습니다. 바로 transform, opacity와 같은 속성을 사용하는 방법입니다. 이런 속성을 사용하면 해당 요소를 별도의 레이어로 분리하고 작업을 GPU에 위임하여 처리함으로써 레이아웃 단계와 페인트 단계를 건너뛸 수 있습니다. 이것을 하드웨어 가속이라고 합니다.

## 하드웨어 가속(GPU 가속)

하드웨어 가속은 CPU에서 처리해야 할 작업을 GPU에 위임하여 더욱 효율적으로 처리하는 방법을 말합니다. GPU는 애초에 그래픽 작업을 처리하기 위해 만들어진 것이므로 화면을 그릴 때 활용하면 굉장히 빠릅니다.

특정 요소에 하드웨어 가속을 사용하려면 요소를 별도의 레이어로 분리하여 GPU로 보내야 하는데, 앞서 얘기한 것처럼 transform 속성과 opacity 속성이 이 역할을 합니다. 분리된 레이어는 GPU에 의해 처리되어 레이아웃 단계와 페인트 단계 없이 화면상의 요소의 스타일을 변경할 수 있습니다. 따라서 리플로우와 리페인트를 일으키는 width, height, color 등의 속성이 아닌 transform 또는 opacity 속성을 이용한 애니메이션 성능이 더 좋을 수밖에 없습니다.

> **!** transform: translate()는 처음부터 레이어를 분리하지 않고 변화가 일어나는 순간 레이어를 분리합니다. 반면에 transform: translate3d() 또는 scale3d()와 같은 3d 속성들, 또는 will-change 속성은 처음부터 레이어를 분리해 두기 때문에 변화에 더욱 빠르게 대처할 수 있습니다. 물론 레이어가 너무 많아지면 그만큼 메모리를 많이 사용하기 때문에 주의해야 합니다.

그럼 다시 그래프 애니메이션을 확인해 봅시다. 설문 결과의 막대 그래프에서는 width를 변경하여 애니메이션 효과를 줬는데요. 이렇게 하면 width가 변할 때마다 리플로우가 발생하고, 브라우저가 아주 짧은 순간마다 화면을 갱신해야 하여 모든 단계를 제시간에 처리하지 못하는 쟁크 현상이 발생하게 됩니다. 이 과정을 Performance 패널을 통해 살펴봅시다. 앞서 했던 것처럼 Performance 패널을 열고 CPU를 '6x slowdown'으로 설정합니다. 그리고 이번에는 새로고침 버튼이 아닌 왼쪽 상단의 기록 버튼을 누른 후, 막대 그래프를 클릭하여 애니메이션을 재생합니다. 그런 다음 다시 기록 버튼을 눌러 기록을 마치면 애니메이션이 발생한 순간의 브라우저 작업이 기록됩니다.

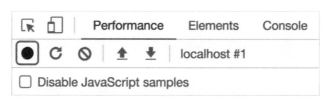

그림 2-21 Performance 패널의 기록 버튼

기록된 내용 중 애니메이션이 일어나는 구간을 확대해 보면 그림 2-22와 같이 레이아웃과 페인트, 컴포지트가 일어나는 것이 보입니다. 바로 width의 변경으로 인해 리플로우가 발생한 모습입니다. 그런데 여기서 한 가지 특이한 점을 확인할 수 있습니다. 빨간 네모 안을 보면 리플로우 작업이 브라우저가 화면을 갱신하는 시점인 회색 선을 넘어가고 있습니다. 즉, 화면을 1/60초 안에 그려서 보여 줘야 하는데 리플로우가 발생하여 모든 단계를 다시 밟느라 필요한 화면을 제때 그려내지 못한 겁니다.

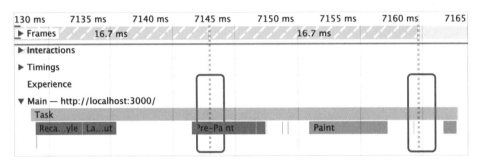

그림 2-22 Performance 패널의 렌더링 타이밍 표시

어떻게 해야 화면이 갱신되기 전에 모든 작업을 마칠 수 있을까요? 바로 리플로우나 리페인트가 일어나는 속성이 아닌 GPU를 활용하여 레이아웃 단계와 페인트 단계를 건너뛸 수 있는 transform 같은 속성을 사용하는 것입니다.

> 성능 좋은 PC나 최신 브라우저는 최적화가 잘 되어 있어 CPU slowdown을 6x로 설정해도 쟁크 현상이 발생하지 않을 수도 있습니다. 만약 제대로 확인하기 어렵다면 브라우저를 컴퓨터가 느려질 정도로 많이 띄워 두는 식으로 CPU를 바쁘게 만들어 놓고 테스트해 보세요.

### 애니메이션 최적화

문제의 원인과 해결 방법을 알았으니 width로 되어 있는 애니메이션을 transform으로 변경하여 최적화해 봅시다. transform 속성에는 다양한 값이 들어갈 수 있습니다. 위치를 이동시키는 translate, 크기를 변경하는 scale, 요소를 회전시키는 rotate가 대표적인데요. 여기서는 scale을 사용하여 구현해 볼 것입니다. 미리 막대의 너비를 100%로 채워 두고 scale을 이용하여 비율에 따라 줄이는 방식으로 말이죠. 코드로 보면 다음과 같습니다.

```
const BarGraph = styled.div`
  /* 생략 */

  width: 100%;
  transform: scaleX(${({width}) => width / 100});
  transform-origin: center left;
  transition: transform 1.5s ease;

  /* 생략 */
```

**BarGraph의 애니메이션을 scaleX로 수정**

이때 scaleX 안에 있는 width는 퍼센트 값이기 때문에 scaleX 함수의 인자로 쓰일 수 있도록 1 이하의 실수 값으로 바꿔 줍니다. 이렇게 하면 width가 0일 때 scaleX에 의해 막대(BarGraph)의 너비가 0으로 줄어들 테고, width 값이 100이 되면 scaleX(1)이 되므로 width가 100%인 상태로 유지될 것입니다.

또한 여기서 주의할 점은 단순히 transform에 scaleX 값만 설정하면 막대 너비가 비율대로 표시되긴 하는데, 왼쪽에 치우치지 않고 가운데 정렬이 되어 버립니다. 그 이유는 기본적인 scale의 기준점이 중앙에 있기 때문에 중앙을 중심으로 정렬된 것인데요. 이것을 왼쪽 기준으로 변경하기 위해서 transform-orgin 속성을 center left로 변경해 줘야 합니다.

그림 2-23 기준점이 왼쪽으로 설정되지 않은 scaleX

## 최적화 전후 비교

최적화를 진행했으니 실제로 어떻게 달라졌는지 비교해 봅시다.

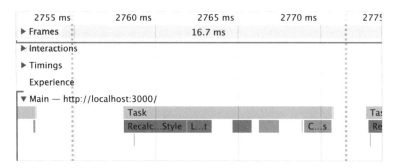

그림 2-24 최적화 전 메인 스레드의 렌더링 작업

그림 2-24는 최적화 전의 메인 스레드입니다. 캡처된 작업이 프레임 드롭(frame drop)[2]을 발생시키진 않았지만, 레이아웃과 페인트 작업을 하면서 꽤나 아슬아슬하게 작업을 마무리하였습니다. 조금만 CPU가 바빴거나 성능이 좋지 않은 CPU였다면 분명 렌더링 작업을 제때 마무리하지 못했을 것입니다.

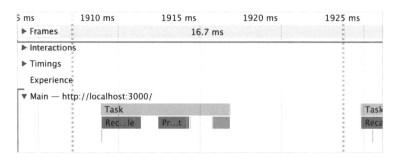

그림 2-25 최적화 후 메인 스레드의 렌더링 작업

그림 2-25는 최적화 후의 메인 스레드입니다. 확실히 최적화 전보다 여유로워진 것이 보이나요? 포함된 작업도 더 적은 것을 볼 수 있습니다. 레이아웃과 페인트 작업이 생략되었기 때문입니다.

---

2  움직이는 화면을 표시할 때 기본적으로 1초에 60장의 프레임을 보여 줘야 하지만, 성능 문제로 일부 프레임이 제때 보이지 않고 생략되는 현상을 말합니다.

## 컴포넌트 지연 로딩

올림픽 통계 서비스에 적용할 두 번째 최적화 기법은 컴포넌트 지연 로딩(lazy loading)입니다. 이 기법은 1장에서도 적용해 본 기법입니다. 블로그 서비스에 서는 페이지를 기준으로 코드를 분할하고 분할된 코드를 필요한 시점, 즉 페이지가 변경되는 시점에 로드하도록 했습니다. 이번에도 비슷합니다.

### 번들 파일 분석

컴포넌트 지연 로딩 기법을 적용하기 전에 서비스에 어떤 문제가 있는지 파악하기 위해 번들 파일을 분석해 봅시다. 1장 블로그 서비스의 코드 분할 및 지연 로딩 기법에 사용한 cra-bundle-ananlyzer를 설치하고 실행합니다.

```
$ npm install --save-dev cra-bundle-analyzer
$ npx cra-bundle-analyzer
```

cra-bundle-analyzer의 설치 및 실행

실행이 완료되면 다음과 같은 화면을 볼 수 있습니다.

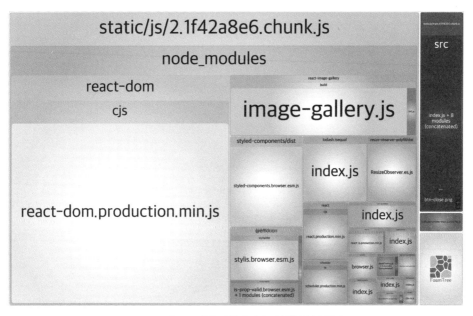

그림 2-26 올림픽 통계 서비스의 번들 분석 결과

하나씩 살펴보면 왼쪽의 static/js/2.1f42a8e6.chunk.js(이하 2.chunk.js) 블록은 node_modules에 있는 라이브러리 코드를 담고 있는 청크이고, 오른쪽 파란색 블록은 올림픽 통계 서비스의 코드임을 알 수 있습니다. 그중 2.chunk.js의 내용을 보면, react-dom과 styled-components뿐만 아니라 react-image-gallery라는 라이브러리가 들어 있습니다. 그리고 이 라이브러리에 커서를 올려 두면 대략적인 사이즈가 26KB(Parsed size) 정도임을 알 수 있는데(그림 2-27), 사실 이 라이브러리는 서비스 첫 화면부터 필요하지 않습니다. 이 라이브러리가 필요한 시점은 사진 갤러리가 있는 모달 창을 띄울 때입니다.

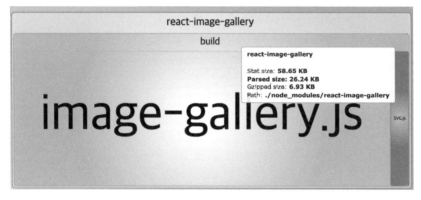

그림 2-27 react-image-gallery 청크 파일

물론 26KB 정도면 그렇게 큰 용량은 아니지만, 조금이라도 효율적으로 사용하기 위해 이 라이브러리의 코드를 분할하고 지연 로딩을 적용해 보겠습니다.

## 모달 코드 분리하기

블로그 서비스에 적용했던 방법과 거의 동일합니다. App.js 파일에서 코드 분할과 지연 로딩을 위해 리액트 라이브러리의 Suspence 컴포넌트와 lazy 함수를 불러옵니다. 그런 다음 분할하고자 하는 컴포넌트인 ImageModal 컴포넌트를 import 함수와 함께 lazy 함수의 인자로 넘겨 줍니다. 그리고 기존에 있던 ImageModal을 직접 import하는 구문은 주석으로 처리하겠습니다. 이때 react-image-gallery 라이브러리만 분할하지 않는 이유는 모달 컴포넌트도 첫 페이지 로딩 시 바로 필요한 코드가 아니기 때문에 함께 묶어서 분할하는 것입니다.

```
import React, { useState, Suspense, lazy } from 'react'
// import ImageModal from './components/ImageModal'

const LazyImageModal = lazy(() => import('./components/ImageModal'))
```

**ImageModal의 지연 로딩**

이렇게 하면 정적으로 import되어서 번들 파일에 함께 포함되었던 Image Modal 컴포넌트와 그 안에서 사용되고 있는 react-image-gallery 라이브러리가 청크 파일에서 분리됩니다. 물론 여기서 끝이 아닙니다. ImageModal이 로드 되기 전에 발생하는 에러를 방지하기 위해, Suspence 컴포넌트로 LazyImage-Modal 컴포넌트를 감싸 줘야 합니다.

```
function App() {
  const [showModal, setShowModal] = useState(false)

  return (
    <div className="App">
      ...
      <Suspense fallback={null}>
        {showModal ? (
          <LazyImageModal
            closeModal={() => {
              setShowModal(false)
            }}
          />
        ) : null}
      </Suspense>
    </div>
  );
}
```

**Suspense로 lazyImageModal 감싸기**

이렇게 하면 처음 ImageModal 컴포넌트가 완전히 로드되지 않은 상태에서는 fallback에 넣어 준 null로 렌더링되고, 로드가 완료되면 제대로 된 모달이 렌더링될 것입니다. 브라우저에서 확인해 볼까요?

| Name | Status | Type | Initiator | Size | Time | Waterfall | ▲ |
|---|---|---|---|---|---|---|---|
| ⊡ bundle.js | 200 | script | (index) | 7.4 kB | 12 ms | ╷| | |
| ⊡ 1.chunk.js | 200 | script | (index) | 409 kB | 79 ms | ▮ | |
| ⊡ main.chunk.js | 200 | script | (index) | 5.9 kB | 12 ms | ╷ | |
| ⊡ main.d2d4e6924... | 200 | script | (index) | 1.5 kB | 11 ms | ╷ | |
| ⊡ 2.chunk.js | 200 | script | bootstrap:... | 47.4 kB | 12 ms | ╷▮ | |
| ⊡ 3.chunk.js | 200 | script | bootstrap:... | 3.4 kB | 6 ms | ╷▮ | |

그림 2-28 Network 패널에서 로드되는 분할된 청크 파일

Network 패널을 열고 첫 페이지를 로드하면 서비스에 필요한 코드가 로드됩니다. 그런 다음 '올림픽 사진 보기' 버튼을 클릭하면 모달이 뜨면서 Network 패널에 새로운 청크 파일이 두 개 로드되는 것을 볼 수 있습니다.(그림 2-28) 이 두 파일이 바로 ImageModal 컴포넌트와 react-image-gallery 라이브러리 파일입니다. cra-bundle-analyzer로도 분석해 봅시다.

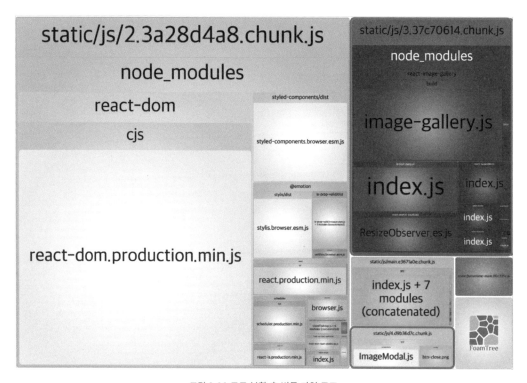

그림 2-29 코드 분할 후 번들 파일 구조

결과를 확인해 보니 파란색 블록으로 react-image-gallery 라이브러리가 분리되어 있고 아래 하늘색 블록으로 ImageModal 컴포넌트가 분리되어 있습니다. 한 가지 특이한 점은 react-image-gallery만 분할될 것이라 생각했는데, react-image-gallery에서 참조하고 있는 모든 라이브러리가 함께 묶여 분할되었다는 점입니다. 덕분에 기대했던 26KB보다 많은 용량인 52KB가 분할되었습니다.

물론 지금은 모달의 코드가 그렇게 크지 않아 성능이 크게 다르게 느껴지지 않을 수도 있습니다. 하지만 나중에 이 모달 컴포넌트 안에 더 많은 콘텐츠나 라이브러리가 들어간다면, 지금 적용한 컴포넌트 지연 로딩 기법이 꽤 의미 있는 최적화 기법이 될 것입니다.

## 컴포넌트 사전 로딩

### 지연 로딩의 단점

바로 앞 절에서 컴포넌트 지연 로딩 기법을 적용해 보았습니다. 이 기법을 적용하면 최초 페이지를 로드할 때 당장 필요 없는 모달과 관련된 코드가 번들에 포함되지 않아, 로드할 파일의 크기가 작아지고 초기 로딩 속도나 자바스크립트의 실행 타이밍이 빨라져서 화면이 더 빨리 표시된다는 장점이 있습니다.

하지만 생각해 보면 이 기법은 초기 화면 로딩 시에는 효과적일지 몰라도 모달을 띄우는 시점에는 한계가 있습니다. 모달 코드를 분리했기 때문에 모달을 띄울 때 네트워크를 통해 모달 코드를 새로 로드해야 하며 로드가 완료되어야만 모달을 띄울 수 있기 때문입니다. 즉, 모달이 뜨기까지 약간의 지연이 발생할 수 있다는 것입니다.(그림 2-30)

직접 Performance 패널에서 확인해 봅시다. Network throttling을 'Fast 3G'로 설정한 후, 페이지가 모두 로드된 상태에서 기록 버튼을 누릅니다. 그다음 '올림픽 사진 보기' 버튼을 클릭하면 일정 시간 이후 모달이 뜹니다. 모달이 뜨면 다시 기록 버튼을 눌러서 기록을 마무리합니다 그러면 그 시간 동안 이루어진 작업을 보여 주는데, 다음과 같이 클릭 시점과 모달이 뜨는 시점이 크게 차이 나는 것을 직접 확인할 수 있습니다.(그림 2-31)

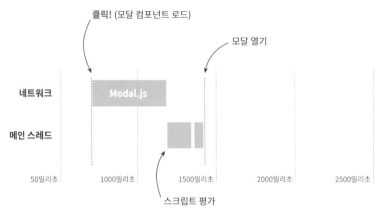

그림 2-30 지연 로딩의 타이밍

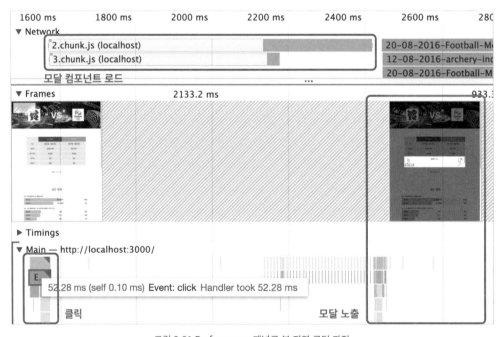

그림 2-31 Performance 패널로 본 지연 로딩 과정

그러면 이 문제를 어떻게 해결할까요? 바로 사전 로딩(Preloading) 기법을 이용하면 됩니다. 이 기법은 사전 로딩이라는 단어에서도 알 수 있듯이 나중에 필요한 모듈을 필요해지기 전에 미리 로드하는 기법입니다. 앞의 모달 예시로 예를 들어 보면, 모달 코드가 필요한 시점은 사용자가 버튼을 클릭하는 시점입

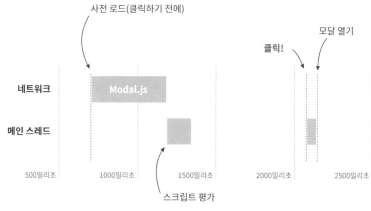

그림 2-32 사전 로딩의 타이밍

니다. 하지만 만약 사용자가 버튼을 클릭하기 전에 미리 모달 코드를 로드해 두면 어떨까요? 네트워크를 통해 코드를 불러오는 시간과 준비하는 데 드는 시간을 단축할 수 있어 빠르게 모달을 띄울 수 있을 것입니다. 그림 2-32처럼 말이죠.

그림 2-32에서처럼 코드를 미리 로드하고 준비해 두니 클릭 시점과 모달을 띄우는 시점 사이에 거의 딜레이가 없는 것을 알 수 있습니다.

하지만 이 방법에는 한 가지 문제가 있습니다. 사용자가 버튼을 언제 클릭할지 모르니 모달 코드를 언제 미리 로드해 둘지 정하기 애매하다는 것입니다. 여기서 고려할 수 있는 타이밍이 두 가지 있습니다. 하나는 사용자가 버튼 위에 마우스를 올려놨을 때(mouseenter)이고, 다른 하나는 최초에 페이지가 로드되고 모든 컴포넌트의 마운트가 끝났을 때입니다.

## 컴포넌트 사전 로딩 타이밍

### 버튼 위에 마우스를 올려놓았을 때 사전 로딩

우리가 PC 웹에서 버튼을 클릭하는 과정은 다음과 같습니다.

1. 마우스 커서를 버튼에 올려놓는다.
2. 클릭한다.

즉, 버튼을 클릭하기 위해서는 선행적으로 마우스를 버튼 위에 올려 두어야 한다는 겁니다. 그래서 반대로 마우스가 버튼에 올라오면 사용자가 버튼을 클릭해서 모달을 띄울 것이라고 예측할 수 있습니다. 따라서 아직 버튼을 클릭하지 않았지만 곧 클릭할 것이기에 모달 컴포넌트를 미리 로드해 두는 겁니다.

리액트에서 마우스가 버튼에 올라왔는지 아닌지는 Button 컴포넌트의 onMouseEnter 이벤트를 통해 알 수 있습니다. 이 이벤트에서 ImageModal 컴포넌트를 import하여 로드하면 됩니다. 이렇게 하면 모달 코드가 필요한 시점보다 전인 마우스가 버튼에 올라온 시점에 ImageModal을 로드할 수 있습니다.

```
function App() {
  const [showModal, setShowModal] = useState(false)

  const handleMouseEnter = () => {
    const component = import('./components/ImageModal')
  }

  return (
    <div className="App">
      ... 생략 ...
      <ButtonModal
        onClick={() => {
          setShowModal(true)
        }}
        onMouseEnter={handleMouseEnter}>
        올림픽 사진 보기
      </ButtonModal>
      ... 생략 ...
    </div>
  );
}
```

마우스가 버튼에 올라왔을 때 ImageModal 사전 로딩

코드 수정을 했으니 서비스에서도 확인해 봐야겠죠. Network 패널을 열고 마우스 커서를 버튼 위에 올려 봅시다. 그러면 두 개의 자바스크립트 파일이 로드됩니다. 원래라면 이 두 파일은 버튼을 클릭해서 모달을 띄우려고 할 때 로드되어야 하는데, onMouseEnter 이벤트에서 미리 모달 코드를 로드했기 때문에 커서를 올려놓기만 해도 모달 코드가 로드되는 것입니다. (그림 2-33)

| Name | Status | Type | Initiator | Size | Time | Waterfall | ▲ |
|------|--------|------|-----------|------|------|-----------|---|
| ⊡ bundle.js | 200 | script | (index) | 7.4 kB | 682 ms | ▮ | |
| ⊡ 0.chunk.js | 200 | script | (index) | 409 kB | 2.92 s | ▮ | |
| ⊡ main.chunk.js | 200 | script | (index) | 5.9 kB | 664 ms | ▮ | |
| ⊡ main.df942a6... | 200 | script | (index) | 1.5 kB | 587 ms | ▮ | |
| ⊡ 2.chunk.js | 200 | script | bootstrap... | 47.4 kB | 1.39 s | ▮ | |
| ⊡ 3.chunk.js | 200 | script | bootstrap... | 3.4 kB | 664 ms | ▮ | |

그림 2-33 버튼에 커서를 올렸을 때 로드되는 모달 코드

결과적으로 버튼을 클릭하기 전에 모달 코드를 준비해 두니 딜레이 없이 모달을 띄울 수 있게 됩니다. 버튼을 클릭할 때, 마우스 커서를 버튼 위에 올리고 클릭하기까지 대략 300~600밀리초 정도 시간 차가 있습니다. 아주 찰나의 순간이긴 하지만 브라우저가 새로운 파일을 로드하기에는 충분합니다.

**컴포넌트의 마운트 완료 후 사전 로딩**

만약에 모달 컴포넌트 크기가 커서 로드하는 데 1초 또는 그 이상의 시간이 필요할 수도 있습니다. 이런 경우에는 마우스 커서를 버튼에 올렸을 때보다 더 먼저 파일을 로드해야 합니다. 이때 생각해 볼 수 있는 타이밍은 모든 컴포넌트의 마운트가 완료된 후로, 브라우저에 여유가 생겼을 때 뒤이어 모달을 추가로 로드하는 겁니다. 클래스형 컴포넌트라면 componentDidMount 시점이겠고 함수형 컴포넌트에서는 useEffect 시점이라고 할 수 있습니다. 그러면 직접 useEffect에 모달 컴포넌트를 로드하는 코드를 넣어 봅시다.

```
function App() {
  const [showModal, setShowModal] = useState(false)

  useEffect(() => {
    const component = import('./components/ImageModal')
  }, [])

  return (
    <div className="App">
      ... 생략 ...
    </div>
```

```
    );
  }
```

컴포넌트가 마운트된 후 ImageModal 사전 로딩

이렇게 코드를 작성하고 서비스를 새로고침해 보면 그림 2-34와 같이 네트워크가 기록되는 것을 볼 수 있습니다.[3]

| Name | Status | Type | Initiator | Size | Time | Waterfall ▲ |
|---|---|---|---|---|---|---|
| bundle.js | 200 | script | (index) | 7.4 kB | 666 ms | |
| 0.chunk.js | 200 | script | (index) | 409 kB | 2.92 s | |
| main.chunk.js | 200 | script | (index) | 5.9 kB | 678 ms | |
| main.58091c2738… | 200 | script | (index) | 1.5 kB | 610 ms | |
| 3.chunk.js | 200 | script | bootstrap:854 | 3.4 kB | 772 ms | |
| 2.chunk.js | 200 | script | bootstrap:854 | 47.4 kB | 1.84 s | |

그림 2-34 페이지가 모두 로드된 이후에 로드되는 모달 코드

모달에 대한 코드인 2.chunk.js와 3.chunk.js가 바로 로드되기는 하지만, 오른쪽 Waterfall에서 타임라인을 확인해 보면 초기 페이지 로드에 필요한 파일(0.chunk.js, bundle.js)을 우선 다운로드하고 페이지 로드가 완료된 후에야 모달 코드를 다운로드하고 있습니다.

이렇게 두 가지 방법으로 사전 로딩 기법을 적용해 봤습니다. 물론, 사전 로드하는 방법이 이 두 가지만 있는 것은 아닙니다. 서비스나 기능의 특성에 따라 다양한 방법으로 적용할 수 있습니다. 중요한 것은 어느 타이밍에 사전 로드하는 것이 해당 서비스에서 가장 합리적인지 판단하는 일입니다.

## 이미지 사전 로딩

### 느린 이미지 로딩

이번에는 컴포넌트가 아닌 이미지를 사전 로드해 보겠습니다. 지금까지 모달에 두 가지 최적화 기법을 적용해 봤는데요. 그 과정에서 그림 2-35와 같은 현상을 확인했을 겁니다. 못 보았다면 네트워크 throttling을 걸고 모달을 띄워 보면

3 onMouseEnter에 관한 코드는 여기서 필요 없기 때문에 지우거나 주석 처리하면 됩니다.

확인할 수 있습니다. 이때 캐시가 걸려 있을 수도 있기 때문에 'disable cache' 옵션을 체크하여 캐시를 비활성화해야 합니다.

그림 2-35 모달 첫 로딩 시 레이아웃이 깨지는 현상

이 같은 현상은 이미지가 제때 뜨지 않아 생기는 현상입니다. 모달을 띄우고 그 안에 이미지를 로드하려고 하는데, 이미지의 사이즈가 크다 보니 다운로드 시간이 오래 걸려서 다운로드가 완료될 때까지 아무것도 뜨지 않는 것이죠. 사실 이 현상은 웹 개발을 할 때 흔히 발생하는 현상이라 다양한 해결 방법이 있습니다. 여기서는 이미지가 화면에 제때 뜰 수 있도록 미리 다운로드하는 기법인 이미지 사전 로딩 기법을 적용해 볼 것입니다.

## 이미지 사전 로딩

컴포넌트는 import 함수를 이용하여 로드했는데, 이미지는 이미지가 화면에 그려지는 시점, 즉 HTML 또는 CSS에서 이미지를 사용하는 시점에 로드됩니다. 하지만 이런 경우 외에 자바스크립트로 이미지를 직접 로드하는 방법이 한 가지 있습니다. 바로 자바스크립트의 Image 객체를 사용하는 방법입니다.

Image 객체는 다음과 같이 new 연산자를 이용하여 생성할 수 있습니다. 그런 다음 생성된 인스턴스의 src 속성에 원하는 이미지의 주소를 입력하면 해당 이미지를 로드할 수 있습니다.

```
const img = new Image()
img.src = '{이미지 주소}'
```

자바스크립트로 이미지를 로드하는 방법

직접 브라우저의 콘솔 창에 테스트해 볼 수 있습니다. 개발자 도구에서 Network 패널과 Console 패널을 동시에 열고 콘솔 창에 위 코드를 입력하면 코드가 입력된 순간 Network 패널에서 해당 이미지가 다운로드되는 것을 볼 수 있습니다.

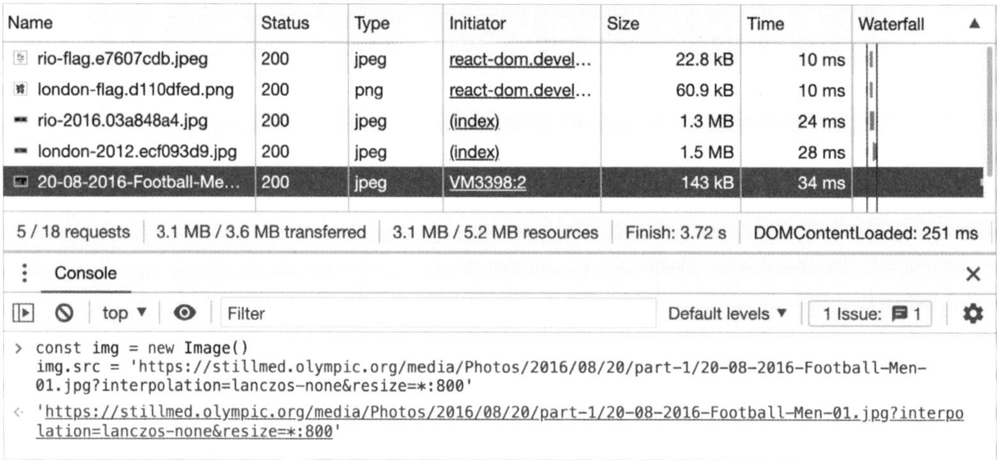

| Name | Status | Type | Initiator | Size | Time | Waterfall ▲ |
| --- | --- | --- | --- | --- | --- | --- |
| rio-flag.e7607cdb.jpeg | 200 | jpeg | react-dom.devel… | 22.8 kB | 10 ms | |
| london-flag.d110dfed.png | 200 | png | react-dom.devel… | 60.9 kB | 10 ms | |
| rio-2016.03a848a4.jpg | 200 | jpeg | (index) | 1.3 MB | 24 ms | |
| london-2012.ecf093d9.jpg | 200 | jpeg | (index) | 1.5 MB | 28 ms | |
| 20-08-2016-Football-Me… | 200 | jpeg | VM3398:2 | 143 kB | 34 ms | |

5 / 18 requests | 3.1 MB / 3.6 MB transferred | 3.1 MB / 5.2 MB resources | Finish: 3.72 s | DOMContentLoaded: 251 ms

⋮  Console                                                                    ✕

▶ 🚫 | top ▼ | 👁 | Filter                          Default levels ▼ | 1 Issue: 🚩 1 | ⚙

```
> const img = new Image()
  img.src = 'https://stillmed.olympic.org/media/Photos/2016/08/20/part-1/20-08-2016-Football-Men-
  01.jpg?interpolation=lanczos-none&resize=*:800'
< 'https://stillmed.olympic.org/media/Photos/2016/08/20/part-1/20-08-2016-Football-Men-01.jpg?interpo
  lation=lanczos-none&resize=*:800'
```

그림 2-36 자바스크립트를 통한 이미지 로드

> 🛈  개발자 도구에서 esc를 누르면 하단에 콘솔 창이 분할되어 나타나고 다시 누르면 사라집니다. 또한 Network 패널에서 이미지의 다운로드 상태를 보려면 필터를 All로 선택하거나 Img로 선택해야 합니다.

그러면 이것을 실제 코드에 적용해 봅시다. 여기서 사전 로드할 이미지는 모달에서 가장 먼저 보이는 이미지로 넣어 줄 것입니다. 해당 이미지 주소는 Image Modal.js 파일에서 찾을 수 있습니다. 코드는 모달을 사전 로드하는 타이밍인 useEffect에 넣어 줍니다. 실제 코드는 다음과 같습니다.

```
useEffect(() => {
  const component = import('./components/ImageModal')

  const img = new Image()
  img.src = 'https://stillmed.olympic.org/media/Photos/2016/08/20/
part-1/20-08-2016-Football-Men-01.jpg?interpolation=lanczos-
none&resize=*:800'
}, [])
```

Image 객체를 이용한 모달의 이미지 사전 로딩

이렇게 추가하고 페이지가 로드되는 과정을 Network 패널에서 확인해 보면, 모달 코드와 함께 이미지가 다운로드되는 것을 볼 수 있습니다. 즉, 나중에 모달 위에 표시될 대표 이미지를 미리 다운로드한 것입니다.

| Name | Status | Type | Initiator | Size | Time | Waterfall ▲ |
|---|---|---|---|---|---|---|
| sockjs-node | 101 | webs… | webpackHo… | 0 B | Pending | |
| answer | 200 | fetch | SurveyChar… | 6.5 kB | 27 ms | |
| survey | 200 | fetch | SurveyChar… | 858 B | 26 ms | |
| 2.chunk.js | 200 | script | bootstrap:854 | 47.4 kB | 36 ms | |
| 3.chunk.js | 200 | script | bootstrap:854 | 3.4 kB | 15 ms | |
| 20-08-2016-Foot… | 200 | jpeg | App.js:22 | 143 kB | 991 ms | |
| manifest.json | 200 | mani… | (index) | 838 B | 2 ms | |

그림 2-37 모달 코드와 함께 다운로드되는 이미지

다음으로 모달을 클릭해 볼 텐데요. 이때 주의해야 할 점은 이 테스트를 할 때 'Disable cache' 옵션을 체크 해제해야 한다는 것입니다. 이미지 사전 로딩이 가능한 이유는 이미지를 로드할 때 브라우저가 해당 이미지를 캐싱해 두기 때문입니다. 하지만 'Disable cache' 옵션이 체크되어 있으면 이미지 리소스에 대해 캐시를 하지 않아 매번 새로 불러옵니다. 하지만 캐시를 활성화하면 다른 리소스도 캐시를 사용하기 때문에 정확한 분석이 어려워질 수 있습니다. 따라서 새로고침할 때 일반 새로고침이 아닌 '캐시 비우기 및 강력 새로고침'을 해야 합니다. '캐시 비우기 및 강력 새로고침'은 크롬 개발자 도구를 열어 둔 상태로 마우스 오른쪽 버튼으로 새로고침 버튼을 클릭하거나 왼쪽 버튼으로 길게 클릭하면 나타나는 메뉴에서 찾을 수 있습니다.

그림 2-38 크롬의 새로고침 종류

'캐시 비우기 및 강력 새로고침'으로 새로고침을 한 후, 모달을 열면 모달이 뜨자마자 대표 이미지가 바로 보이는 것을 확인할 수 있습니다. 이것도 역시나 Network throttling을 걸면 더 확실하게 확인할 수 있습니다.

| Name | S. | T.. | Initiator | Size | Time | Waterfall | ▲ |
|------|-----|-----|-----------|------|------|-----------|---|
| 📷 20-08-2016-... | 2... | j... | App.js:22 | 143 kB | 3.80 s | ▪ | |
| ✕ data:image/... | 2... | p... | react-dom... | (memory c... | 0 ms | | ▏ |
| 📷 20-08-2016-... | 2... | j... | react-dom... | (disk cache) | 2 ms | | ▪ |
| 📷 12-08-2016-... | 2... | j... | react-dom... | 164 kB | 6.03 s | | ▮ |
| 📷 20-08-2016-... | 2... | j... | react-dom... | 154 kB | 5.92 s | | ▮ |

그림 2-39 캐시된 이미지

확인해 보면 사전 로드한 이미지의 Size 항목에 disk cache라고 적혀 있고, 다운로드 시간(Time)이 매우 짧은 것을 볼 수 있습니다. 왜냐하면 페이지가 로드된 후 바로 이미지를 사전 로드해 뒀기 때문입니다.

여기서 추가로 한 가지 고민해 볼 것이 있는데요. 바로 몇 장의 이미지까지 사전 로드해 둘 것인가입니다. 모달의 첫 화면으로 보이는 이미지는 대표 이미지뿐만 아니라 하단 섬네일 이미지도 있습니다. 섬네일 이미지까지 사전 로딩을 할 수도 있지만 그렇게 하면 페이지가 로드될 때, 즉 사전 로딩을 하는 순간 브라우저의 리소스를 그만큼 많이 사용하기 때문에 다른 성능 문제를 야기할 수도 있습니다. 따라서 어떤 콘텐츠를 사전 로드할 때는 정말 사전 로딩이 필요한지 고민해야 합니다. 이번 실습에서는 가장 중요하다고 판단되는 첫 대표 이미지 한 장만 사전 로드했고 그 외 섬네일 이미지는 중요하지 않다고 생각하여 사전 로드하지 않았습니다.

# 3장

**F r o n t - e n d   P e r f o r m a n c e   O p t i m i z a t i o n**

# 홈페이지 최적화

## 실습 내용 소개

이 장에서 분석할 서비스는 홈페이지입니다. 이 홈페이지는 롱보드(long-board)를 소개하는 사이트로 흔히 볼 수 있는 홈페이지 구조를 가지고 있습니다. 총 4개의 페이지로 구성되어 있으며 각 페이지에서 롱보드를 소개합니다. 하지만 모든 페이지를 상세히 살펴보진 않고 메인 페이지를 중심으로 최적화를 진행할 것입니다.(그림 3-1)

### 이 장에서 학습할 최적화 기법

이 장에서는 다음과 같은 내용을 실습합니다.

- 이미지 지연 로딩
- 이미지 사이즈 최적화
- 폰트 최적화
- 캐시 최적화
- 불필요한 CSS 제거

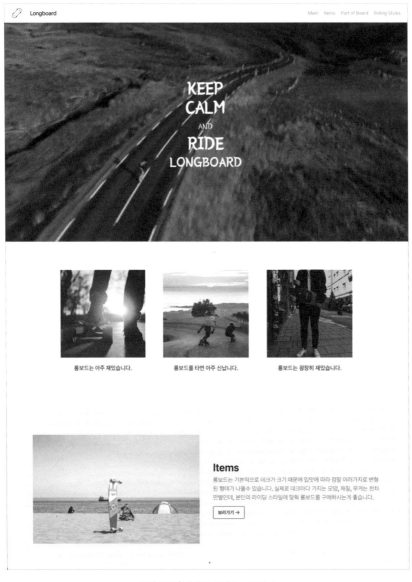

그림 3-1 홈페이지 서비스 스크린샷

**이미지 지연 로딩**

2장에서 당장 사용하지 않는 컴포넌트 코드를 분할하여 초기 로드 속도를 높이는 컴포넌트 지연 로딩 기법을 적용해 봤습니다. 이 장에서는 그와 비슷한 이미지 지연 로딩 기법을 배워 보겠습니다. 이미지 지연 로딩은 말 그대로 첫 화면에 당장 필요하지 않은 이미지가 먼저 로드되지 않도록 지연시키는 기법입니다. 이렇게 함으로써 사용자에게 가장 먼저 보이는 콘텐츠를 더 빠르게 로드할 수 있습니다.

### 이미지 사이즈 최적화

1장에서도 이미지 사이즈를 최적화했는데요. 1장에서는 이미지가 CDN(Unsplash)에서 로드되었기 때문에 url만 수정하면 쉽게 이미지 사이즈를 조절할 수 있었습니다. 이 장에서는 CDN에 있는 이미지가 아닌 서버에 저장되어 있는 정적 이미지를 최적화해 볼 것입니다.

### 폰트 최적화

폰트는 프론트엔드 개발에서 빠질 수 없는 주제입니다. 서비스에서 별도의 폰트를 적용하지 않고 기본 폰트만 사용한다면 문제가 없겠지만, 만약 커스텀 폰트를 적용하려고 한다면 몇 가지 성능 문제를 야기할 수 있습니다. 따라서 커스텀 폰트를 적용할 때 발생할 수 있는 문제를 알아보고 최적화해 보겠습니다.

### 캐시 최적화

아마 캐시라는 개념은 많이 들어 봤을 것입니다. 자주 사용되는 리소스를 브라우저에 저장해 두고, 다음번에 사용하려고 할 때 새로 다운로드하지 않고 저장되어 있는 것을 사용하는 기술이죠. 이 장에서는 캐시를 어떻게 적용하고 활용하면 좋을지 살펴봅니다.

### 불필요한 CSS 제거

웹 서비스를 개발하다 보면 불필요한 코드가 함께 빌드되는 경우가 있습니다. 때로는 그 코드가 자바스크립트 코드일 수도 있고 CSS 코드일 수도 있습니다. 여기서는 사용하지 않는 CSS 코드가 서비스 코드에 포함되어 있을 경우 해당 코드를 제거하여 파일 사이즈를 줄이는 방법에 대해서 알아봅니다.

## 분석 툴 소개

이번 실습에서 사용할 툴을 살펴보겠습니다. Network 패널과 Performance 패널, 그리고 Lighthouse 패널은 사용해 봤으니 이 장에서 처음 등장하는 세 가지 툴을 소개하겠습니다.

### 크롬 개발자 도구의 Coverage 패널

Coverage 패널은 웹 페이지를 렌더링하는 과정에서 어떤 코드가 실행되었는지 보여 줍니다. 그리고 각 파일의 코드가 얼마나 실행됐는지 비율로 나타냅니다. 특정 파일에서 극히 일부의 코드만 실행되었다면, 즉 퍼센티지가 낮다면 해당 파일에 불필요한 코드가 많이 포함되어 있다고 볼 수 있습니다.

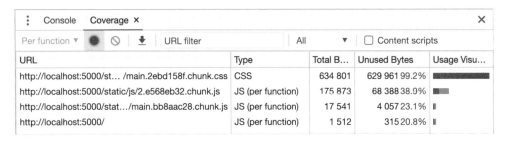

그림 3-2 크롬 개발자 도구의 Coverage 패널

### Squoosh

이 툴은 웹에서 서비스되는 이미지 압축 도구입니다. 구글에서 만들었으며, 웹에서 간편하게 이미지의 포맷이나 사이즈를 변경할 수 있습니다.(그림 3-3)

### PurgeCSS

PurgeCSS는 사용하지 않는 CSS를 제거해 주는 툴입니다. 이 툴은 npm에 등록되어 있으며, 직접 CLI를 통해 실행할 수도 있고 webpack과 같은 번들러에서 플러그인으로 추가하여 사용할 수도 있습니다.(그림 3-4)

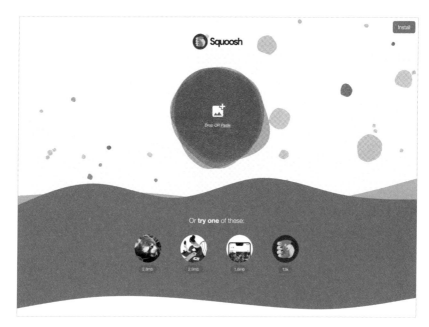

그림 3-3 Squoosh 서비스의 메인 화면(*squoosh.app*)

그림 3-4 PurgeCSS 공식 홈페이지

## 서비스 탐색 및 코드 분석

본격적으로 코드를 다운로드하고 서비스를 살펴봅시다.

### 코드 다운로드

이 장에서 분석해 볼 웹 서비스는 다음 깃허브 주소에서 다운로드할 수 있습니다.

`URL` *https://github.com/performance-lecture/lecture-3*

작업할 공간에서 해당 리포지터리를 복제하면 됩니다.

```
$ git clone https://github.com/performance-lecture/lecture-3.git
```

### 서비스 실행

코드가 다운로드되면 다음 코드를 실행하여 서비스 실행에 필요한 모듈을 설치해 줍니다.

```
$ npm install
```

서비스는 다음 명령어로 실행할 수 있습니다.

```
$ npm run start
```

이 장에서 실습할 홈페이지에도 서비스에 필요한 데이터를 전달하는 API 서버가 있습니다. 하지만 분석에 필요한 주요 내용을 담고 있지 않기 때문에 실행해도 되고 하지 않아도 됩니다. 온전한 서비스의 모습을 확인하고 싶으면 다음 명령어로 API 서버를 실행한 뒤 서비스를 탐색하면 됩니다. 참고로 이 API 서버는 상품 리스트 정보를 제공하며 서비스의 상품 리스트 페이지에서 사용됩니다.

```
$ npm run server
```

이렇게 서버를 실행하면 localhost:3000에서 해당 서비스가 뜨는 것을 확인할 수 있습니다. 추가로 아래 명령어를 통해 빌드된 파일을 서비스하는 서버를 따로 실행할 수 있습니다.

```
$ npm run serve
```

1장에서도 빌드된 파일을 production 환경으로 서비스할 수 있도록 위와 동일한 명령어를 제공했는데요. 차이점은 1장에서는 serve.js라는 툴을 이용하여 서비스를 한 반면, 이번에는 직접 node.js와 express.js를 통해 서버를 구축했다는 점입니다. 여기서는 이 부분에 대해 깊게 다루지 않고, 이후 캐시 최적화 파트에서 잠깐 확인해 볼 예정입니다.

그런데 빌드된 파일을 서비스하려면 당연히 서비스 코드가 빌드되어 있어야겠죠? 빌드하기 위한 명령은 다음과 같습니다.

```
$ npm run build
```

또한 이 서비스에서는 Tailwind CSS라는 프레임워크를 사용하고 있는데요. npm run build:style 명령어에 있는 스크립트가 바로 그것입니다. 이 Tailwind CSS를 이용하여 서비스의 스타일을 만드는 과정입니다.

조금 더 자세히 설명하면 Tailwind CSS(117쪽 박스 참고)는 이 장의 홈페이지 서비스에서 사용하는 CSS 유틸로, 내부에 거의 모든 CSS 속성에 대한 정의를 담고 있습니다. 그래서 개발 시 매번 필요한 CSS 코드를 작성하지 않고도 className만으로 편하게 스타일링할 수 있습니다. 그리고 npm run build:style 명령어는 tailwind.js 파일에서 정의한 설정대로 tailwind.css 파일로 새로운 CSS(src/styles.css)를 만들어 줍니다. 지금은 npm run start를 통해 서비스를 실행한다는 것만 이해해도 무방합니다.

## 서비스 탐색

서비스를 실행하면 익숙한 페이지 구조가 보입니다. 일반적인 홈페이지 구조
입니다. 상단에는 헤더가 붙어 있고 첫 페이지에 커다란 동영상 배너와 함께
'KEEP CALM AND RIDE LONGBOARD'라는 문구가 보입니다. 그리고 해당 문
구에는 기본 폰트가 아닌 커스텀 폰트가 적용되어 있습니다.

그림 3-5 홈페이지의 배너

그 아래로는 롱보드에 대한 간단한 소개와 각 페이지로 이동하는 버튼이 있습
니다.(그림 3-6)

여기까지 살펴보면 이 서비스가 어떤 서비스인지 어느 정도 인지했을 것입
니다. 흔히 접하는, 그리고 흔히 개발하는 홈페이지입니다. 이 홈페이지는 메
인 페이지 외에 3개의 페이지(Items, Part of Board, Riding Styles)로 구성되어
있는데요. 실질적인 최적화는 모두 메인 페이지에서 이루어지기 때문에 다른
페이지를 볼 일은 많지 않습니다.

롱보드는 아주
재밌습니다.

롱보드를 타면 아주
신납니다.

롱보드는 굉장히
재밌습니다.

**Items**

롱보드는 기본적으로 데크가 크기 때문에 입맛에 따라 정말
여러가지로 변형된 형태가 나올수 있습니다. 실제로 데크마
다 가지는 모양, 재질, 무게는 천차만별인데, 본인의 라이딩
스타일에 맞춰 롱보드를 구매하시는게 좋습니다.

[보러가기 →]

그림 3-6 홈페이지의 하단 콘텐츠

## 코드 분석

이번에는 VSCode를 통해 프로젝트를 열어 봅시다. 그러면 다음과 같은 폴더
구조를 볼 수 있습니다.

```
├── public
├── server
│   ├── config.json              # API 서버를 실행할 때 필요한 설정
│   ├── database.json            # 상품 리스트를 담고 있는 데이터베이스 파일
│   └── server.js                # production 환경으로 서비스하는 서버 코드
├── src
│   ├── assets                   # 홈페이지에서 사용하는 폰트 및 이미지 파일
│   ├── components
│   │   ├── BannerImage.js       # 메인 페이지를 제외한 페이지에서 사용하는 상단 배너
│   │   ├── BannerVideo.js       # 메인 페이지의 상단 배너
│   │   ├── Card.js              # 이미지와 하단 글씨를 표시하는 컴포넌트
│   │   ├── Footer.js            # 푸터 컴포넌트
│   │   ├── Header.js            # 헤더 컴포넌트
│   │   ├── ImagesWithTitle.js   # Part of Board 페이지에서 사용되는 컴포넌트
│   │   ├── ItemGrid.js          # Items 페이지에서 사용되는 컴포넌트
│   │   ├── Meta.js              # 메인 페이지에서 타이틀과 설명 텍스트, 버튼을 보여 주는 컴포넌트
│   │   ├── Tabs.js              # Riding Style 페이지에서 사용되는 탭 컴포넌트
│   │   ├── ThreeColumns.js      # 메인 페이지에서 사용되는 3단 레이아웃 컴포넌트
│   │   ├── TwoColumns.js        # 메인 페이지에서 사용되는 2단 레이아웃 컴포넌트
```

```
        └── YoutubePlayer.js      # 유튜브 컴포넌트
     ── pages
        ├── ItemsPage.js          # Items 페이지
        ├── MainPage.js           # 메인 페이지
        ├── PartPage.js           # Part of Board 페이지
        └── RidingStylesPage.js   # Riding Styles 페이지
     ── App.css                   # 폰트가 정의되어 있는 글로벌 CSS 파일
     ── App.js
     ── App.test.js
     ── index.css
     ── index.js
     ── serviceWorker.js
     ── setupTests.js
     ── styles.css                # tailwind.css를 빌드하여 생성한 최종 서비스 CSS 파일
     └── tailwind.css             # tailwind에서 정의한 스타일을 import하는 CSS 파일
── README.md
── package-lock.json
── package.json
── postcss.config.js             # tailwind.css를 style.css로 빌드하기 위한 postcss 설정
── tailwind.js                   # tailwind의 설정 파일
└── yarn.lock
```

앞에서 얘기했듯이 주로 다룰 페이지는 메인 페이지입니다. 따라서 메인 페이지를 구성하는 MainPage.js의 코드를 중점적으로 살펴보겠습니다.

### Main 컴포넌트(src/pages/MainPage.js)

```javascript
import React from 'react'
import BannerVideo from '../components/BannerVideo'
import ThreeColumns from '../components/ThreeColumns'
import TwoColumns from '../components/TwoColumns'
import Card from '../components/Card'
import Meta from '../components/Meta'
import main1 from '../assets/main1.jpg'
import main2 from '../assets/main2.jpg'
import main3 from '../assets/main3.jpg'
import main_items from '../assets/main-items.jpg'
import main_parts from '../assets/main-parts.jpg'
import main_styles from '../assets/main-styles.jpg'

function MainPage(props) {
  return (
    <div className="MainPage -mt-16">
      <BannerVideo/>
      <div className="mx-auto">
        <ThreeColumns
```

```
            columns={[
              <Card image={main1}>롱보드는 아주 재밌습니다.</Card>,
              <Card image={main2}>롱보드를 타면 아주 신납니다.</Card>,
              <Card image={main3}>롱보드는 굉장히 재밌습니다.</Card>
            ]}
          />
          <TwoColumns
            bgColor={'#f4f4f4'}
            columns={[
              <img src={main_items} />,
              <Meta
                title={'Items'}
                content={'-생략-'}
                btnLink={'/items'}
              />
            ]}
          />
          <TwoColumns
            bgColor={'#fafafa'}
            columns={[
              <Meta
                title={'Parts of Longboard'}
                content={'-생략-'}
                btnLink={'/part'}
              />,
              <img src={main_parts} />
            ]}
            mobileReverse={true}
          />
          <TwoColumns
            bgColor={'#f4f4f4'}
            columns={[
              <img src={main_styles} />,
              <Meta
                title={'Riding Styles'}
                content={'-생략-'}
                btnLink={'/riding-styles'}
              />
            ]}
          />
        </div>
      </div>
    )
}

export default MainPage
```

코드를 보면 상단에 BannerVideo 컴포넌트를 렌더링하고, 아래로는 Three Columns와 TwoColumns 컴포넌트를 통해 텍스트와 이미지를 렌더링하고 있습니다. 딱히 어려운 코드는 없지만 눈에 띄는 점은 이 메인 페이지 코드에는 BannerVideo 컴포넌트가 있다는 점과 꽤 많은 이미지가 렌더링되고 있다는 점입니다. 바로 이어서 BannerVideo 컴포넌트도 살펴보겠습니다.

### BannerVideo 컴포넌트(src/components/BannerVideo.js)

```
function BannerVideo() {
  return (
    <div className='BannerVideo w-full h-screen overflow-hidden
        relative bg-texture'>
      <div className='absolute h-screen w-full left-1/2'>
        <video
          src={video}
          className='absolute translateX--1/2 h-screen max-w-none
                     min-w-screen -z-1 bg-black min-w-full
                     min-h-screen'
          autoPlay
          loop
          muted
        />
      </div>
      <div className='w-full h-full flex justify-center items-center'>
        <div className='text-white text-center'>
          <div className='text-6xl leading-none font-semibold'>
            KEEP</div>
          <div className='text-6xl leading-none font-semibold'>
            CALM</div>
          <div className='text-3xl leading-loose'>AND</div>
          <div className='text-6xl leading-none font-semibold'>
            RIDE</div>
          <div className='text-5xl leading-tight font-semibold'>
            LONGBOARD</div>
        </div>
      </div>
    </div>
  )
}
```

이 컴포넌트는 이름에서도 알 수 있듯이 배너 영역에 들어가는 콘텐츠입니다.
동영상 요소와 첫 화면에서 봤던 'KEEP CALM AND RIDE LONGBOARD'라는
문구가 보입니다. 그 외에 특히 눈에 띄는 것은 className입니다. 모든 요소에
className이 들어 있는데요. 이 서비스에서는 특정 컴포넌트에 대한 CSS 코드
가 따로 없습니다. 왜냐하면 Tailwind CSS를 사용하고 있기 때문입니다. 덕분
에 컴포넌트를 위한 별도의 CSS 파일이 필요하지 않습니다.

 **Tailwind CSS란?**

Tailwind CSS는 Utility-First CSS 프레임워크입니다. 즉, 미리 특정 CSS 속성에 대해 클래스
를 만들어 두고, 그것을 활용하여 스타일링하는 방식입니다. 예를 들어 `display: flex`라
는 스타일을 적용하고 싶다면 해당 스타일을 정의하고 있는 클래스인 `flex`를 className
에 넣어 주면 됩니다.

Server 스크립트(src/components/Server.js)

```javascript
const express = require('express')
const app = express()
const port = 5000
const path = require('path')

const header = {
  setHeaders: (res, path) => {
    res.setHeader(
      'Cache-Control',
      'private, no-cache, no-store, must-revalidate'
    )
    res.setHeader('Expires', '-1')
    res.setHeader('Pragma', 'no-cache')
  }
}

app.use(express.static(path.join(__dirname, '../build'), header))
app.get('*', (req, res) => {
    res.sendFile(path.join(__dirname, '../build/index.html'))
})
```

```
app.listen(
  port,
  () => console.log(`Example app listening at http://
localhost:${port}`)
)
```

Express.js로 구현된 서버 코드입니다. 간단한 코드지만, Node.js에 대해서 잘
모른다면 전부 이해하기 위해 애쓸 필요는 없습니다. 중요한 코드는 header 변
수에서 Http header를 설정하는 코드입니다.

```
res.setHeader(
  'Cache-Control',
  'private, no-cache, no-store, must-revalidate'
)
res.setHeader('Expires', '-1')
res.setHeader('Pragma', 'no-cache')
```

**Node 서버에서 헤더를 설정하는 코드**

바로 이 코드입니다. 사용자가 홈페이지에 접속하여 서버에 페이지 요청을 보
낼 때, 서버는 요청된 URL에 맞는 응답을 내려 주는데, 이때 해당 응답에 대한
헤더를 설정하는 코드입니다. 이 부분은 나중에 자세히 알아볼 것이므로 여기
서는 이런 코드가 있다는 것 정도만 알고 있으면 됩니다.

## 이미지 지연 로딩

### 네트워크 분석

서비스를 분석하고 최적화할 때 어떤 작업을 먼저 해야 한다는 규칙은 없습니
다. 상황에 따라 판단하여 원하는 분석을 진행하면 됩니다. 여기서는 네트워크
를 먼저 살펴보겠습니다.

네트워크를 확인할 때는 명확한 흐름을 파악할 수 있도록 네트워크에
throttling을 적용합니다. 지금까지는 크롬 개발자 도구에서 기본으로 제공하
는 'Fast 3G'나 'Slow 3G' 설정을 적용했지만, 이번에는 기본 설정보다 조금 더
빠른 환경으로 설정하기 위하여 직접 커스텀 설정을 만들어 보겠습니다.(그림
3-7)

그림 3-7 Network 패널에 throttling 옵션

throttling 옵션에서 'Add…'를 선택하면 Network Throttling Profiles라는 설정
페이지가 뜹니다. 여기서 'Add custom profile…' 버튼을 눌러 원하는 throttling
옵션을 추가하면 됩니다. 여기서는 '6000'이라는 이름으로 다운로드와 업로드
속도를 6000kb/s으로 설정하였습니다.(그림 3-8)

그림 3-8 Custom throttling 옵션 추가

참고로 Fast 3G의 다운로드 속도는 1500kb/s, 업로드 속도는 750kb/s이며
Slow 3G의 다운로드 속도는 780kb/s, 업로드 속도는 330kb/s입니다. 옵션 추
가를 완료했다면 내용 저장 후 네트워크 패널로 돌아갑니다. 그러면 Custom
throttling 옵션이 throttling 설정에 추가된 것을 볼 수 있습니다.(그림 3-9)

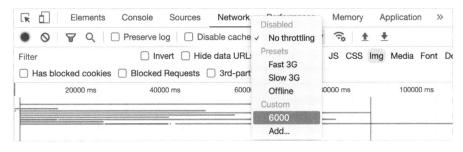

그림 3-9 추가된 Custom throttling 옵션

이제 이 옵션으로 throttling을 적용하고 네트워크 분석을 해 봅시다. 해당 옵션을 선택하고, 홈페이지의 메인 페이지를 새로고침하면 아주 긴 시간에 걸쳐 그림 3-10과 같이 필요한 리소스가 다운로드되는 것을 볼 수 있습니다.

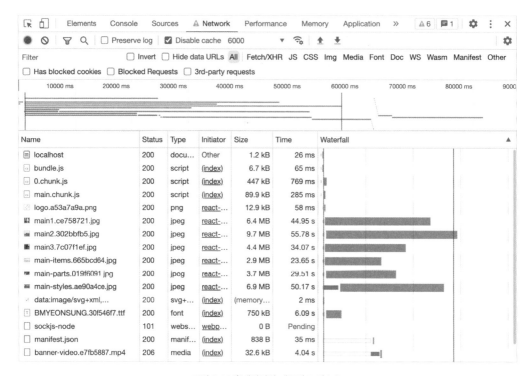

그림 3-10 홈페이지의 네트워크 리소스

처음에는 당장 중요한 리소스인 bundle 파일이 다운로드되는 것을 볼 수 있고, 그다음으로 main1, 2, 3 이미지와 폰트가 다운로드되는 것을 확인할 수 있습니다. 그리고 한동안 banner-video 파일이 pending 상태(하얀 막대)로 존재하다가 일부 리소스(main-items.jpg)의 다운로드가 완료된 후에야 다운로드되는 것을 찾아볼 수 있습니다. 그런데 banner-video는 페이지에서 가장 처음으로 사용자에게 보이는 콘텐츠인데 가장 나중에 로드되면, 사용자가 첫 화면에서 아무것도 보지 못한 채로 오랫동안 머물게 되므로 사용자 경험에 좋지 않을 겁니다. 그러면 이 문제를 어떻게 해결할 수 있을까요?

바로 동영상의 다운로드를 방해하는, 당장 사용되지 않는 이미지를 나중에 다운로드되도록 하여 동영상이 먼저 다운로드되게 하는 것입니다. 즉, 이미지를 지연 로드하는 것이죠. 여기서 지연 로드할 이미지는 배너 아래에 있는 총 6개의 이미지입니다. 이 이미지들을 페이지가 로드될 때 로드하지 않는다면 언제 로드해야 할까요?

바로 이미지가 화면에 보이는 순간 또는 그 직전에 이미지를 로드해야겠죠. 다시 말해 뷰포트에 이미지가 표시될 위치까지 스크롤되었을 때 이미지를 로드할지 말지 판단할 수 있습니다. 그림으로 보면, 아직 스크롤이 이미지 위치까지 도달하지 않았을 때는 이미지를 로드하지 않고 있다가(그림 3-11 왼쪽), 이미지 위치에 도달하면 그때 이미지를 로드(그림 3-11 오른쪽)하는 것입니다.

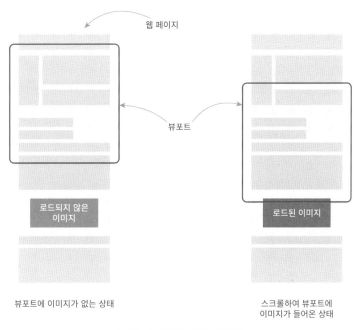

그림 3-11 이미지 지연 로딩 원리

### Intersection Observer

그런데 문제가 하나 있습니다. 이미지 지연 로딩 작업을 위해 스크롤이 이동했을 때 해당 뷰포트에 이미지를 보이게 할지 판단해야 하는데, 스크롤 이벤트에 이 로직을 넣으면 스크롤할 때마다 해당 로직이 아주 많이 실행된다는 것입니다. 이 문제가 잘 이해되지 않는다면 다음과 같이 콘솔에 스크립트를 하나 실행한 뒤 스크롤해 보십시오.

```
window.addEventListener('scroll', () => console.log('스크롤 이벤트 발생!'))
```

스크롤 이벤트 테스트

그림 3-12 무수히 많이 실행되는 스크롤 이벤트

이 스크립트는 scroll 이벤트를 감지하여 로그를 출력하는 코드인데요. 이 스크립트를 실행하고 스크롤해 보면 엄청나게 많은 로그가 찍힙니다. 왜냐면 스크롤이 이동하는 중에 이 이벤트가 계속 발생하기 때문이죠. 여기에 조금이라도 무거운 로직이 들어가기라도 한다면 브라우저의 메인 스레드에 무리가 갑니다. 성능을 향상시키려다가 오히려 악화시키게 되는 꼴인 거죠. 물론 lodash의 throttle[1]과 같은 방식으로 처리할 수 있겠지만, 근본적인 해결 방법이 될 수는 없습니다.

그런데 다행히도 이런 스크롤 문제를 해결할 수 있는 방법이 있습니다. 바로 Intersection Observer라는 것입니다. Intersection Observer는 브라우저에서 제공하는 API인데요. 이를 통해 웹 페이지의 특정 요소를 관찰(observe)하면 페이지 스크롤 시, 해당 요소가 화면에 들어왔는지 아닌지 알려 줍니다. 즉, 스크롤 이벤트처럼 스크롤할 때마다 함수를 호출하는 것이 아니라 요소가 화면에 들어왔을 때만 함수를 호출하는 겁니다. 따라서 성능 면에서 scroll 이벤트로 판단하는 것보다 훨씬 효율적입니다.

사용법은 MDN 문서에서 찾아볼 수 있습니다. MDN 문서에 Intersection

---

1 throttle은 짧은 시간에 여러 번 발생하는 연산(또는 함수)을 일정 시간 동안 한 번만 실행하도록 하는 기술입니다. lodash는 자바스크립트의 자주 쓰이는 유틸 함수를 모아 둔 라이브러리로 throttle 기능을 구현한 throttle이라는 함수를 제공합니다.

Observer에 대해 상세하게 설명되어 있으니 한번 읽어 보길 권합니다. 여기서는 코드에 대한 내용만 간단하게 다루겠습니다.

```
const options = {
  root: null,
  rootMargin: '0px',
  threshold: 1.0,
}

const callback = (entries, observer) => {
  console.log('Entries', entries)
}

const observer = new IntersectionObserver(callback, options)

observer.observe(document.querySelector('#target-element1'))
observer.observe(document.querySelector('#target-element2'))
```

IntersectionObserver 예제

options는 이름 그대로 Intersection Observer의 옵션입니다. 여기서 root는 대상 객체의 가시성을 확인할 때 사용되는 뷰포트 요소입니다. 기본 값은 null이며, null로 설정 시 브라우저의 뷰포트로 설정됩니다. rootMargin은 root 요소의 여백입니다. 쉽게 얘기해서 root의 가시 범위를 가상으로 확장하거나 축소할 수 있습니다. threshold는 가시성 퍼센티지입니다. 대상 요소가 어느 정도로 보일 때 콜백을 실행할지 결정합니다. 1.0으로 설정하면 대상 요소가 모두 보일 때 실행되며, 0으로 설정하면 1px이라도 보이는 경우 콜백이 실행됩니다. 그다음 callback은 가시성이 변경될 때마다 실행되는 함수입니다.

options와 callback을 정의한 후, IntersectionObserver 객체를 생성하면 인스턴스(observer)가 나오는데 이 인스턴스를 이용하여 원하는 요소를 관찰할 수 있습니다. 이렇게 하면 대상 요소의 가시성이 변할 때마다 콜백이 실행되며 콜백에서는 첫 번째 인자로 가시성이 변한 요소(entries)를 배열 형태로 전달받습니다. 그 이후에는 원하는 로직을 실행하면 되는 것이죠.

이번 실습에서는 이미지가 보이는 순간에 이미지를 로드할 것이므로 이미지를 대상 요소로 잡고 적용해 보겠습니다.

## Intersection Observer 적용하기

가장 먼저 지연 로딩을 적용할 이미지는 나란히 렌더링되는 이미지 3장입니다.

롱보드는 아주
재밌습니다.

롱보드를 타면 아주
신납니다.

롱보드는 굉장히
재밌습니다.

그림 3-13 이미지 지연 로딩을 가장 먼저 적용할 이미지들

이 이미지는 Card 컴포넌트에서 img 요소로 렌더링되고 있습니다. 따라서 이미지에 대한 지연 로딩 로직도 Card 컴포넌트 안에서 추가할 수 있습니다. Card 컴포넌트에서 Intersection Observer를 생성하고 img 컴포넌트를 관찰하면 다음과 같이 코드가 나옵니다.

```
function Card(props) {
  const imgRef = useRef(null)

  useEffect(() => {
    const options = {}
    const callback = (entries, observer) => {
      console.log('Entries', entries)
    }

    const observer = new IntersectionObserver(callback, options)

    observer.observe(imgRef.current)

    return () => observer.disconnect()
  }, [])

  return (
```

```
    <div className='Card text-center'>
      <img src={props.image} ref={imgRef}/>
      <div className='생략'>{props.children}</div>
    </div>
  )
}
```

Card 컴포넌트에 IntersectionObserver 적용

여기서는 useEffect 안에서 Intersection Observer를 생성했는데요. 만약 useEffect를 사용하지 않으면 렌더링할 때마다 인스턴스가 생성되고, 대상 요소를 관찰하게 되면서 대상 요소에 여러 개의 콜백이 실행될 것입니다. 따라서 이와 같은 중복을 방지하고자 useEffect에서 인스턴스를 생성해야 합니다. 또한 생성된 인스턴스는 정리(Clean-up) 함수에서 observer.disconnect 함수를 호출함으로써 리소스가 낭비되지 않도록 합니다.

이 상태로 저장하고 홈페이지의 메인 페이지에서 스크롤해 보면, 3개의 이미지가 보이는 순간에 그림 3-14와 같은 로그가 출력되는 것을 볼 수 있습니다.

```
Entries                                                        Card.js:9
▼ [IntersectionObserverEntry] ℹ
  ▼ 0: IntersectionObserverEntry
    ▶ boundingClientRect: DOMRectReadOnly {x: 242.53125, y: 1040, width: 181.34375, height:
      intersectionRatio: 0.004411815200001001
    ▶ intersectionRect: DOMRectReadOnly {x: 242.53125, y: 1040, width: 181.34375, height: (
      isIntersecting: true
      isVisible: false
    ▶ rootBounds: DOMRectReadOnly {x: 0, y: 0, width: 666.40625, height: 1040.8125, top: 0,
    ▶ target: img
      time: 3139.199999988079
    ▶ [[Prototype]]: IntersectionObserverEntry
      length: 1
  ▶ [[Prototype]]: Array(0)
Entries ▶ [IntersectionObserverEntry]                          Card.js:9
Entries ▶ [IntersectionObserverEntry]                          Card.js:9
```

그림 3-14 이미지 영역이 화면에 들어왔을 때 출력되는 로그

각각의 Card 컴포넌트에서 관찰했기 때문에 3개의 로그가 출력됐는데요. entries 값이 배열 형태로 다양한 정보(boundingClientRect, intersectionRatio 등)를 담고 있는 것이 보입니다. 그중에서도 가장 중요한 값은 바로 isIntersecting

이라는 값입니다. 이 값은 해당 요소가 뷰포트 내에 들어왔는지를 나타내는 값입니다. 이 값을 통해 해당 요소가 화면에 보이는 것인지, 화면에서 나가는 것인지 알 수 있습니다.[2]

다음으로 할 일은 화면에 이미지가 보이는 순간, 즉 콜백이 실행되는 순간에 이미지를 로드하는 일입니다. 이미지 로딩은 img 태그에 src가 할당되는 순간 일어납니다. 따라서 최초에는 img 태그에 src 값을 할당하지 않다가 콜백이 실행되는 순간 src를 할당함으로써 이미지 지연 로딩을 적용할 수 있습니다. 코드로 나타내면 다음과 같습니다.

```
function Card(props) {
  const imgRef = useRef(null)

  useEffect(() => {
    const options = {}
    const callback = (entries, observer) => {
      entries.forEach(entry => {
        if(entry.isIntersecting) {
          console.log('is intersecting', entry.target.dataset.src)
          entry.target.src = entry.target.dataset.src
          observer.unobserve(entry.target)
        }
      })
    }

    const observer = new IntersectionObserver(callback, options)

    observer.observe(imgRef.current)

    return () => observer.disconnect()
  }, [])

  return (
    <div className='Card text-center'>
      <img data-src={props.image} ref={imgRef}/>
      <div className='생략'>{props.children}</div>
```

---

2  스크롤 시 찍히는 로그 외에 처음 페이지가 로드될 때도 로그가 찍히는 것을 볼 수 있습니다. 이것은 대상 요소가 처음 관찰되는 순간 콜백을 실행하기 때문입니다. 최초에는 대상 요소가 뷰포트 안에 있는지 없는지 알 수 없으니 한 번 체크하는 것이라고 생각하시면 됩니다.

```
        </div>
    )
}
```

이전 코드와 달라진 부분은 콜백 함수의 코드와 img 태그의 속성입니다. 먼저 img 태그의 속성을 보면 원래 src에 넣었던 이미지 주소(props.image)를 이제는 data-src에 넣었습니다. 이렇게 하면 src 값이 할당되지 않기 때문에 해당 이미지를 로드하지 않습니다. 그리고 주소를 data-src에 넣은 이유는 나중에 이미지가 뷰포트에 들어왔을 때, data-src에 있는 값을 src로 옮겨 이미지를 로드하기 위해서입니다.

이 내용은 콜백에서도 확인할 수 있습니다. 콜백에서는 entries에 있는 entry를 forEach로 검사하고 있습니다. 먼저 isIntersecting이 true인지 아닌지 확인하여 true라면 entry.target.src에 dataset.src 값을 넣습니다. 그러면 해당 이미지가 로드되면서 화면에 보입니다.

마지막으로 observer.unobserve(entry.target) 코드가 있는데, 이것은 해당 요소의 observe를 해제하는 코드입니다. 한 번 이미지를 로드한 후에는 다시 호출할 필요가 없으므로 해제하는 것입니다.

이제 실제 적용된 화면을 확인해 봅시다. Network 패널과 Console 패널을 확인해 보면 최초 페이지 로딩 시에는 main1, 2, 3 이미지가 로드되지 않고 있다가 스크롤이 이미지 영역에 도달하면 콜백에서 작성한 로그 코드에 의해 로그가 출력되면서 세 이미지가 로드되는 것을 볼 수 있습니다.(그림 3-15) 즉, 최초 페이지 로딩 시에는 보이지 않는 이미지가 우선순위가 높은 콘텐츠(동영상 콘텐츠)의 로딩을 방해하지 않고 나중에 필요할 때 로드되는 것입니다.

지금까지 메인 페이지의 세 이미지에 지연 로딩 기법을 적용해 봤습니다. 물론 메인 페이지에는 세 이미지 외에도 더 많은 이미지가 렌더링되고 있습니다. 하지만 다른 이미지에 지연 로딩 기법을 적용하는 방법도 동일하기 때문에 추가 설명은 생략하겠습니다. 직접 메인 페이지에서 렌더링되는 다른 이미지에도 Intersection Observer를 이용하여 지연 로딩을 적용해 보길 추천합니다. 정답 코드는 실습 후 확인하길 바랍니다.

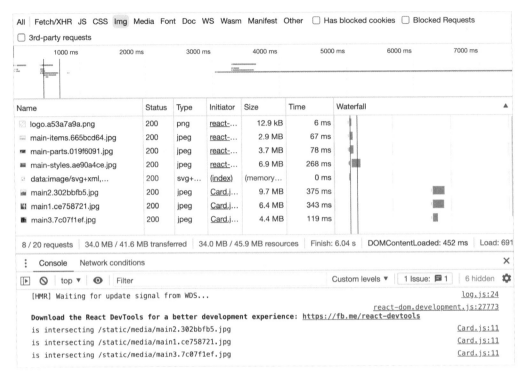

그림 3-15 Network 패널에서 본 이미지 지연 로딩 과정

```javascript
function MainPage(props) {
  const imgEl1 = useRef(null)
  const imgEl2 = useRef(null)
  const imgEl3 = useRef(null)

  useEffect(() => {
    const options = {}

    const callback = (entries, observer) => {
      entries.forEach(entry => {
        if(entry.isIntersecting) {
          console.log(entry.target.dataset.src)
          entry.target.src = entry.target.dataset.src
          observer.unobserve(entry.target)
        }
      })
    }
```

```
    let observer = new IntersectionObserver(callback, options)
    observer.observe(imgEl1.current)
    observer.observe(imgEl2.current)
    observer.observe(imgEl3.current)

    return () => observer.disconnect()
}, [])

return (
  <div className='MainPage -mt-16'>
    <BannerVideo/>
    <div className='mx-auto'>
      <ThreeColumns
        columns={[
          <Card image={main1}>롱보드는 아주 재밌습니다.</Card>,
          <Card image={main2}>롱보드를 타면 아주 신납니다.</Card>,
          <Card image={main3}>롱보드는 굉장히 재밌습니다.</Card>
        ]}
      />
      <TwoColumns
        bgColor={'#f4f4f4'}
        columns={[
          <img data-src={main_items} ref={imgEl1} />,
          <Meta title={'Items'} content={'생략'} btnLink={'/items'} />
        ]}
      />
      <TwoColumns
        bgColor={'#fafafa'}
        columns={[
          <Meta title={'Parts of Longboard'} content={'생략'}
                btnLink={'/part'} />,
          <img data-src={main_parts} ref={imgEl2} />,
        ]}
        mobileReverse={true}
      />
      <TwoColumns
        bgColor={'#f4f4f4'}
        columns={[
          <img data-src={main_styles} ref={imgEl3} />,
          <Meta title={['Riding Styles'] content={'생략'}
                btnLink={'/riding-styles'} />,
        ]}
      />
    </div>
```

```
      </div>
    )
}
```

## 이미지 사이즈 최적화

### 느린 이미지 로딩 분석

앞서 이미지 지연 로딩을 통해 배너의 동영상 콘텐츠가 별다른 지연 없이 바로 다운로드될 수 있도록 했습니다. 따라서 지연 로딩이 적용된 이미지는 스크롤이 이미지 위치에 도달했을 때 로드되는 것을 확인할 수 있었습니다. 하지만 막상 이미지가 로드되는 속도는 굉장히 느립니다.

그림 3-16 느리게 로드되는 이미지

지연 로딩을 적용하기 전에는 처음부터 이미지를 다운로드했기 때문에 스크롤을 내려도 거의 바로 로드된 이미지가 보였는데요. 지금은 스크롤이 이미지 위치에 도달하는 순간 로드하기 때문에 바로 전체 이미지가 보이지 않고 천천히 로드되는 것입니다. 메인 페이지에서 이 이미지들은 그리 중요한 역할을 하지 않지만, 이미지가 이렇게 잘려 보이면 서비스가 느리다는 느낌을 줄 수 있습니다.

Network 패널을 통해 이 이미지들을 살펴보면, 파일 크기가 매우 큰 것을 볼 수 있습니다.(그림 3-17) 이렇게 이미지 사이즈가 크면 다운로드에 많은 시간이 걸리고 그만큼 다른 작업에 영향을 줍니다. 그래서 이번에 적용할 최적화 기법은 바로 이미지 사이즈 최적화입니다.

| main3.7c07f1ef.jpg | 200 | jpeg | Card.... | 4.4 MB | 139 ms | |
| main1.ce758721.jpg | 200 | jpeg | Card.... | 6.4 MB | 552 ms | |
| main2.302bbfb5.jpg | 200 | jpeg | Card.... | 9.7 MB | 883 ms | |
| main-items.665bcd64.jpg | 200 | jpeg | Main... | 2.9 MB | 136 ms | |
| main-parts.019f6091.jpg | 200 | jpeg | Main... | 3.7 MB | 28 ms | |
| main-styles.ae90a4ce.jpg | 200 | jpeg | Main... | 6.9 MB | 31 ms | |

그림 3-17 파일 크기가 큰 이미지

## 이미지 포맷 종류

이미지 사이즈 최적화는 간단히 말하면 이미지의 가로, 세로 사이즈를 줄여 이미지 용량을 줄이고 그만큼 더 빠르게 다운로드하는 기법입니다.

그림 3-18의 왼쪽 이미지는 사이트에 있는 이미지 중 하나인데, 가로와 세로가 각각 3946px로 굉장히 고화질입니다. 이 큰 사이즈의 이미지를 작게 줄이고, 추가로 이미지의 압축률을 높여 최적화해 봅시다.

3946 × 3946
**압축 전**

600 × 600
**압축 후**

그림 3-18 이미지 압축 전과 후

이미지의 사이즈를 줄이기 전에, 이미지를 잘 다루기 위해 짚고 넘어가야 할 것이 있습니다. 바로 이미지의 포맷입니다. 이미지 포맷에 대해서는 어느 정도는 알고 있을 겁니다. 그중 SVG와 같은 벡터 이미지가 아닌 비트맵 이미지 포 맷 중 대표적인 세 가지 포맷을 살펴봅시다.

- PNG
- JPG(JPEG)
- WebP

PNG는 무손실 압축 방식으로 원본을 훼손 없이 압축하며 알파 채널을 지원하 는 이미지 포맷입니다. 알파 채널이란 투명도를 의미합니다. PNG 포맷으로 배 경 색을 투명하게 하여 뒤에 있는 요소가 보이는 이미지를 만들 수 있습니다.

JPG는 PNG와는 다르게 압축 과정에서 정보 손실이 발생합니다. 하지만 그 만큼 이미지를 더 작은 사이즈로 줄일 수 있습니다. 그래서 일반적으로 웹에서 이미지를 사용할 때는 고화질이어야 하거나 투명도 정보가 필요한 게 아니라 면 JPG를 사용합니다.

WebP는 무손실 압축과 손실 압축을 모두 제공하는 최신 이미지 포맷으로, 기존의 PNG나 JPG에 비해서 대단히 효율적으로 이미지를 압축할 수 있습니 다. 공식 문서(*https://developers.google.com/speed/webp*)에 따르면 WebP 방식은 PNG 대비 26%, JPG 대비 25~34% 더 나은 효율을 가지고 있다고 합니다.

이렇게만 봤을 때는 PNG보다는 JPG, JPG보다는 WebP를 사용하는 것이 좋 을 것 같지만, 마냥 간단한 문제는 아닙니다. 왜냐하면 브라우저 호환성 때문 입니다. WebP는 위에서 언급했듯 꽤나 최신 이미지 파일 포맷이라서 아직 지 원하지 않는 브라우저도 있습니다. 물론 2010년에 발표된 기술이지만, 기술이 나왔다고 모두 바로 반영되진 않습니다. 그래도 지금은 꽤 많은 브라우저에서 지원합니다.(그림 3-19) 정리해 보면 이렇습니다.

- 사이즈: PNG > JPG > WebP
- 화질: PNG = WebP > JPG
- 호환성: PNG = JPG > WebP

| Chrome | Edge * | Safari | Firefox | Opera * | IE | | Chrome for Android | Safari on iOS* | Samsung Internet | Opera Mini* | Opera Mobile * | UC Browser for Android | Android * Browser | Firefox for Android | QQ Browser | Baidu Browser | KaiOS Browser |
|---|---|---|---|---|---|---|---|---|---|---|---|---|---|---|---|---|---|
| 4-8 | | | | 10.1 | | | | | | | | | | | | | |
| [1] 9-22 | | | | [1] 11.5 | | | | | | | | | 2.1-3 | | | | |
| [2] 23-31 | 12-17 | 3.1-13.1 | 2-64 | [2] 12.1-18 | | | | 3.2-13.7 | | | | | [1] 4-4.1 | | | | |
| 32-104 | 18-104 | 14-15.6 | 65-103 | 19-90 | 6-10 | | | 14-15.6 | 4-17.0 | | 12-12.1 | | 4.2-4.4.4 | | | | |
| 105 | 105 | 16.0 | 104 | 91 | 11 | | 105 | 16.0 | 18.0 | all | 64 | 13.4 | 105 | 104 | 10.4 | 7.12 | 2.5 |
| 106-108 | | 16.1-TP | 105-106 | | | | | 16.1 | | | | | | | | | |

그림 3-19 WebP 포맷의 호환성 표(*https://caniuse.com/webp*)[3]

## Squoosh를 사용하여 이미지 변환

이번에는 현재 적용된 JPG 또는 PNG 포맷의 이미지를 WebP 포맷으로 변환하여 고화질, 저용량의 이미지로 최적화해 보려고 합니다. 그러려면 이미지를 변환해 주는 컨버터(converter)가 필요한데, 여기서 사용할 컨버터는 바로 Squoosh라는 애플리케이션입니다.

그림 3-20 Squoosh 서비스의 메인 화면(*https://squoosh.app*)

Squoosh는 구글에서 만든 이미지 컨버터 웹 애플리케이션입니다 별도의 프로그램 설치 없이 웹에서 이미지를 손쉽게 어러 가지 포맷으로 변환할 수 있

---

3  Can I use는 브라우저 및 버전별로 특정 기능의 지원 여부를 알려 주는 사이트입니다. 초록색은 해당 기능을 지원한다는 뜻, 빨간색은 지원하지 않는다는 뜻입니다. 노란색은 부분적으로 지원한다는 의미입니다. WebP의 경우 IE 브라우저에서 지원하지 않음을 확인할 수 있습니다.

고, 원본과 비교하는 등 다양한 기능을 이용할 수 있습니다.

사용법은 간단합니다. 변환할 이미지를 Squoosh에 올리면 됩니다. 이번에 변환할 이미지는 메인 페이지에서 렌더링되는 총 6장의 이미지인데, 그중 하나인 main1.jpg를 업로드해 봅시다. 업로드를 하면 그림 3-21과 같은 화면을 볼 수 있습니다. 가운데 선을 기준으로 왼쪽이 원본, 오른쪽이 변환될 이미지입니다.

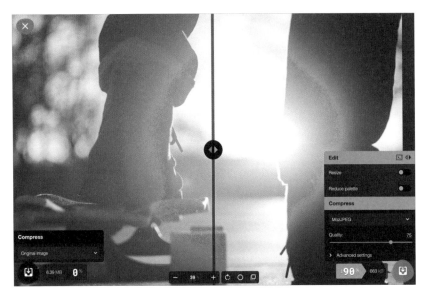

그림 3-21 Squoosh 서비스의 편집 화면

그림 3-21 오른쪽 하단에는 어떤 식으로 이미지를 변환할지 설정할 수 있는 옵션이 있습니다. Advanced settings를 누르면 더 다양하게 설정할 수 있지만 여기서는 Edit 섹션의 Resize 설정과 Compress 섹션에 있는 설정만 사용할 것입니다.

먼저 Resize 설정을 켜 봅시다. Resize 설정에도 다양한 옵션이 있지만 다른 것들은 그대로 두고 Width와 Height만 600으로 설정하겠습니다. 600px으로 설정하는 이유는 화면에 보이는 이미지의 사이즈가 300×300px이기 때문입니다. 물론 반응형으로 구현되어 있어서 브라우저의 가로 사이즈에 따라 이미지 사이즈도 변하긴 하지만, 화면이 가장 클 때 300×300px이므로 그 두 배인 600×600px 사이즈로 이미지를 변환하는 것입니다.(그림 3-22)

그림 3-22 Squoosh 서비스 Edit 섹션의 Resize 옵션

다음은 Compress 섹션의 압축 방식과 압축률(Quality)을 각각 WebP, 75로 설정합니다(이 값이 너무 작으면 화질이 많이 떨어지고, 너무 크면 용량이 커지므로 70~80 정도를 권장합니다). 그 외 Effort 설정이 있는데요. 이 값은 CPU의 리소스를 어느 정도로 사용할지에 대한 설정입니다. 여기서는 기본 값인 4로 두겠습니다.(그림 3-23)

그림 3-23 Squoosh 서비스의 Compress 섹션

설정을 완료하면 하단에 이미지가 원본 대비 몇 퍼센트 줄어느는시, 결과직으로 이미지가 몇 kB로 압축되는지 보여 줍니다. 여기서는 최종적으로 14.7kB로 압축되며 원본 대비 매우 작아서 100%로 표시되고 있습니다. 이 상태로 오른쪽에 있는 다운로드 버튼을 누르면 압축된 이미지가 다운로드됩니다.(그림 3-24)

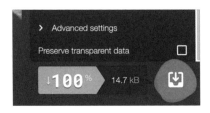

그림 3-24 Squoosh 서비스의 변환 결과 미리보기

다운로드한 WebP 이미지를 _main1.webp라는 이름으로 수정하고 assets 폴더로 옮겨 줍니다.(그림 3-25) 다른 파일도 동일하게 WebP로 변환하여 옮겨 줍니다. 변환된 이미지는 import하고 기존의 이미지를 대체합니다.

그림 3-25 압축한 이미지들

```
import main1_webp from '../assets/_main1.webp'
import main2_webp from '../assets/_main2.webp'
import main3_webp from '../assets/_main3.webp'
import main_items_webp from '../assets/_main-items.webp'
import main_parts_webp from '../assets/_main-parts.webp'
import main_styles_webp from '../assets/_main-styles.webp'

/*** 생략 ***/
<ThreeColumns
  columns={[
    <Card image={main1_webp}>롱보드는 아주 재밌습니다.</Card>,
    <Card image={main2_webp}>롱보드를 타면 아주 신납니다.</Card>,
    <Card image={main3_webp}>롱보드는 굉장히 재밌습니다.</Card>
```

```
  ]}
/>
/*** 생략 ***/
```

MainPage의 이미지를 webp 이미지로 교체

홈페이지를 새로고침한 후, 아래로 스크롤하여 이미지를 로드해 보면 빠른 속도로 로드되는 것을 확인할 수 있습니다. 이미지의 사이즈가 크게 줄었기 때문입니다. Network 탭에서 확인해 보면 다운로드 시간도 상당히 짧아졌습니다.

| | | | | | |
|---|---|---|---|---|---|
| _main1.31e0a4d1.webp | 200 | webp | Card.js:12 | 14.9 kB | 11 ms |
| _main3.89bcd638.webp | 200 | webp | Card.js:12 | 46.2 kB | 10 ms |
| _main2.84a75f04.webp | 200 | webp | Card.js:12 | 22.1 kB | 10 ms |

그림 3-26 감소한 이미지 다운로드 시간

하지만 문제가 있습니다. 앞서 이미지 포맷을 비교할 때 WebP는 효율이 좋지만 호환성 문제가 있다고 했습니다. 즉, WebP로만 이미지를 렌더링할 경우 특정 브라우저에서는 제대로 렌더링되지 않을 수도 있다는 뜻입니다. 이런 문제를 해결하려면 단순 img 태그로만 이미지를 렌더링하면 안 되며, picture 태그를 사용해야 합니다. picture 태그는 다양한 타입의 이미지를 렌더링하는 컨테이너로 사용됩니다. 예를 들어 아래 코드처럼 브라우저 사이즈에 따라 지정된 이미지를 렌더링하거나 지원되는 타입의 이미지를 찾아 렌더링합니다.

```
# 뷰포트에 따라 구분
<picture>
  <source media="(min-width:650px)" srcset="img_pink_flowers.jpg">
  <source media="(min-width:465px)" srcset="img_white_flower.jpg">
  <img src="img_orange_flowers.jpg" alt="Flowers" style="width:auto;">
</picture>

# 이미지 포맷에 따라 구분
<picture>
  <source srcset="photo.avif" type="image/avif">
  <source srcset="photo.webp" type="image/webp">
  <img src="photo.jpg" alt="photo">
</picture>
```

picture 태그 예제

이제 브라우저에서 변환한 WebP 이미지를 지원하지 않는 경우를 대비해 picture 태그를 사용할 것입니다. 그럼 브라우저가 WebP를 렌더링하지 못할 때 JPG 이미지로 렌더링하도록 코드를 수정해 보겠습니다(최적화된 JPG 이미지는 140쪽에서 추가할 예정입니다).

```
/*** Main.js 일부 ***/
<ThreeColumns
  columns={[
    <Card image={main1} webp={main1_webp}>롱보드는 아주 재밌습니다.</Card>,
    <Card image={main2} webp={main2_webp}>롱보드를 타면 아주 신납니다.</Card>,    ❶
    <Card image={main3} webp={main3_webp}>롱보드는 굉장히 재밌습니다.</Card>
  ]}
/>

/*** Card.js ***/
function Card(props) {
  const imgRef = useRef(null)

  useEffect(() => {
    const options = {}
    const callback = (entries, observer) => {
      entries.forEach(entry => {
        if(entry.isIntersecting) {
          const target = entry.target
          const previousSibling = target.previousSibling

          console.log('is intersecting', entry.target.dataset.src)
          target.src = target.dataset.src
          previousSibling.srcset = previousSibling.dataset.srcset
          observer.unobserve(entry.target)
        }
      })
    }

    const observer = new IntersectionObserver(callback, options)

    observer.observe(imgRef.current)

    return () => observer.disconnect()
  }, [])

  return (
    <div className='Card text-center'>
```

```
    <picture>
      <source data-srcset={props.webp} type='image/webp' />    ❷
      <img data-src={props.image} ref={imgRef} />
    </picture>
    <div className='생략'>{props.children}</div>
  </div>
)
}
```

picture 태그로 webp 이미지 추가

먼저 Card 컴포넌트의 props에 webp라는 이름의 prop을 추가했습니다(❶). 또한 img 태그를 picture 태그로 수정한 후, 안에 source 태그와 img 태그를 넣었습니다(❷). 이렇게 하면 가장 상위에 있는 WebP를 우선으로 로드하고, 브라우저가 WebP를 지원하지 않으면 img 태그에 있는 JPG 이미지를 렌더링합니다.

그리고 여기서 잊지 말아야 할 것이 있습니다. 바로 앞 절에서 적용했던 이미지 지연 로딩입니다. 이미지 지연 로딩을 위해 img 태그에 src 값을 바로 넣지 않고 data-src로 임시 저장한 뒤, Intersection Observer의 콜백이 실행됐을 때 data-src에 있는 값을 src로 옮겨 줬습니다. source 태그에 있는 srcset 값도 마찬가지입니다. srcset에 이미지 주소가 바로 들어가면 이미지 지연 로딩이 되지 않으므로 이미지 주소를 data-srcset에 임시로 넣어 주고 콜백에서 srcset으로 옮겨 줍니다. 이렇게 하면 이미지 지연 로딩을 유지한 채로 브라우저 호환성에 따라 이미지를 로드할 수 있습니다.

크롬 브라우저에서는 WebP를 문제없이 렌더링하므로 앞의 경우와 차이가 없어 보이지만, 브라우저가 picture 태그의 첫 번째 이미지를 로드하지 못하면 두 번째 이미지인 JPG 이미지를 로드합니다. 간단하게 테스트해 보는 방법은 다음과 같이 첫 번째 이미지의 타입을 크롬 브라우저에서 지원하지 않는 타입으로 지정하면 WebP가 아닌 JPG 이미지가 로드되는 것을 확인할 수 있습니다.

```
<picture>
  <source data-srcset={props.webp} type="image/not-support" />
  <img data-src={props.image} ref={imgRef} />
</picture>
```

source 태그에 지원되지 않는 이미지 타입이 지정된 경우 테스트 브라우저가 WebP를 지원하지 않더라도 원본 JPG 이미지가 아닌 최적화된 이미지로 렌더링될 수 있도록 최적화된 JPG 이미지를 생성 및 추가하겠습니다.

그림 3-27 JPG 압축을 위한 옵션

추가로 MainPage 컴포넌트에 있는 이미지에도 Card 컴포넌트와 동일하게 picture 태그를 적용해 봅시다. 적용된 코드는 다음과 같습니다.

```
import React, { useEffect, useRef } from 'react'
import BannerVideo from '../components/BannerVideo'
import ThreeColumns from '../components/ThreeColumns'
import TwoColumns from '../components/TwoColumns'
import Card from '../components/Card'
import Meta from '../components/Meta'
```

```
import main1 from '../assets/_main1.jpg'
import main2 from '../assets/_main2.jpg'
import main3 from '../assets/_main3.jpg'
import main_items from '../assets/_main-items.jpg'
import main_parts from '../assets/_main-parts.jpg'
import main_styles from '../assets/_main-styles.jpg'
import main1_webp from '../assets/_main1.webp'
import main2_webp from '../assets/_main2.webp'
import main3_webp from '../assets/_main3.webp'
import main_items_webp from '../assets/_main-items.webp'
import main_parts_webp from '../assets/_main-parts.webp'
import main_styles_webp from '../assets/_main-styles.webp'

function MainPage(props) {
  const imgEl1 = useRef(null)
  const imgEl2 = useRef(null)
  const imgEl3 = useRef(null)

  useEffect(() => {
    const options = {}

    const callback = (entries, observer) => {
      entries.forEach(entry => {
        if(entry.isIntersecting) {
          // 수정됨
          const sourceEl = entry.target.previousSibling
          sourceEl.srcset = sourceEl.dataset.srcset
          entry.target.src = entry.target.dataset.src
          observer.unobserve(entry.target)
        }
      })
    }

    let observer = new IntersectionObserver(callback, options)
    observer.observe(imgEl1.current)
    observer.observe(imgEl2.current)
    observer.observe(imgEl3.current)
  }, [])

  return (
    <div className='MainPage -mt-16'>
      <BannerVideo />
      <div className='mx-auto'>
        <ThreeColumns
```

```
    columns={[
      <Card image={main1} webp={main1_webp}>
        롱보드는 아주 재밌습니다.
      </Card>,
      <Card image={main2} webp={main2_webp}>
        롱보드를 타면 아주 신납니다.
      </Card>,
      <Card image={main3} webp={main3_webp}>
        롱보드는 굉장히 재밌습니다.
      </Card>,
    ]}
  />
  <TwoColumns
    bgColor={'#f4f4f4'}
    columns={[
      // 수정됨
      <picture>
        <source data-srcset={main_items_webp} type='image/webp' />
        <img data-src={main_items} ref={imgEl1} alt='' />
      </picture>,
      <Meta title={'Items'} content={'생략'} btnLink={'/items'} />
    ]}
  />
  <TwoColumns
    bgColor={'#fafafa'}
    columns={[
      <Meta title={'Parts of Longboard'} content={'생략'}
          btnLink={'/part'} />,
      // 수정됨
      <picture>
        <source data-srcset={main_parts_webp} type='image/webp' />
        <img data-src={main_parts} ref={imgEl2} alt='' />
      </picture>
    ]}
    mobileReverse={true}
  />
  <TwoColumns
    bgColor={'#f4f4f4'}
    columns={[
      // 수정됨
      <picture>
        <source data-srcset={main_styles_webp} type='image/webp' />
        <img data-src={main_styles} ref={imgEl3} alt='' />
      </picture>,
      <Meta title={'Riding Styles'} content={'생략'}
```

```
                    btnLink={'/riding-styles'} />
            ]}
          />
        </div>
      </div>
    )
  }
```

## 최적화 전후 비교

이번엔 Network 탭에서 최적화 전후의 로딩 속도를 비교해 봅시다. 측정은 이전에 생성해 둔 6000kb/s 설정에서 진행하였습니다.

| | | | | | |
|---|---|---|---|---|---|
| main2.302bbfb5.jpg | 200 | jpeg | Card.js:12 | 9.7 MB | 58.04 s |
| main3.7c07f1ef.jpg | 200 | jpeg | Card.js:12 | 4.4 MB | 33.77 s |
| main1.ce758721.jpg | 200 | jpeg | Card.js:12 | 6.4 MB | 44.67 s |
| main-items.665bcd64.jpg | 200 | jpeg | MainPage... | 2.9 MB | 23.41 s |
| main-parts.019f6091.jpg | 200 | jpeg | MainPage... | 3.7 MB | 29.53 s |
| main-styles.ae90a4ce.jpg | 200 | jpeg | MainPage... | 6.9 MB | 40.98 s |

그림 3-28 이미지 최적화 전

| | | | | | |
|---|---|---|---|---|---|
| _main3.89bcd638.webp | 200 | webp | Card.js:16 | 46.2 kB | 197 ms |
| _main1.31e0a4d1.webp | 200 | webp | Card.js:16 | 14.9 kB | 100 ms |
| _main2.84a75f04.webp | 200 | webp | Card.js:16 | 22.1 kB | 133 ms |
| _main-items.9c8575c1.webp | 200 | webp | MainPage... | 46.0 kB | 146 ms |
| _main-parts.275883ee.webp | 200 | webp | MainPage... | 39.6 kB | 78 ms |
| _main-styles.bd64b2bb.webp | 200 | webp | MainPage... | 185 kB | 272 ms |

그림 3-29 이미지 최적화 후

이미지를 최적화하기 전에는 다운로드에 대략 30초가 소요된 반면 최적화 후에는 대략 100밀리초가 소요되었습니다.

# 동영상 최적화

## 동영상 콘텐츠 분석

지금까지 홈페이지에 쓰인 이미지를 최적화해 보았습니다. 이번에는 이미지와 조금 비슷한 동영상을 최적화해 보려고 합니다. 홈페이지에 사용된 동영상은 메인 페이지에 배경으로 등장하는 동영상 하나입니다. Network 패널에서 동영상이 다운로드되는 과정을 살펴봅시다.

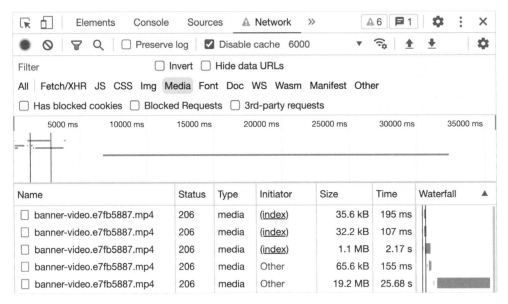

그림 3-30 Network 패널에서 본 동영상 다운로드

Network 패널 기록에서도 볼 수 있듯이 동영상 파일은 이미지처럼 하나의 요청으로 모든 영상을 다운로드하지 않습니다. 동영상 콘텐츠의 특성상 파일 크기가 크기 때문에 당장 재생이 필요한 앞부분을 먼저 다운로드한 뒤 순차적으로 나머지 내용을 다운로드합니다. 그래서 동영상 콘텐츠의 다운로드 요청이 여러 개로 나뉘어 있는 것입니다.(그림 3-31)

하지만 역시 문제가 있습니다. 아무리 여러 번 나눠서 다운로드를 해도 애초에 동영상 파일이 크다 보니 동영상을 재생하기까지 꽤 오래 걸립니다. Perfor-

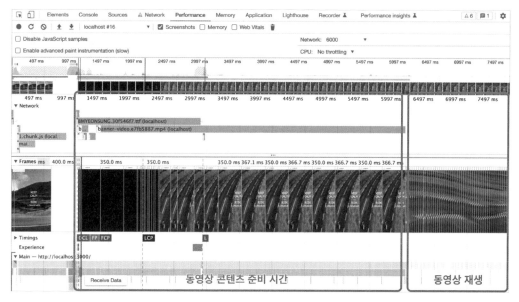

그림 3-31 Performance 패널에서 본 동영상 로딩 과정

mance 패널을 통해 확인해 보면 일정 시간 동안 동영상 콘텐츠가 다운로드되고, 그 이후에야 재생이 되는 것을 볼 수 있습니다.

또한 assets 폴더에 있는 동영상 파일을 확인해 보면 파일 크기가 무려 54MB인 것을 알 수 있습니다.(그림 3-32) 웹에서 사용하기에는 너무 큽니다. 따라서 이 동영상 콘텐츠를 최적화하여 더욱 빠르게 재생되도록 만들어 보려고 합니다.

**banner-video.mp4**          54.5MB

수정일: 2020년 12월 8일 화요일 오후 9:55

태그 추가...

∨ 일반:

종류: MPEG-4 동영상
크기: 54,492,288바이트(디스크에 54.5MB 있음)
위치: Macintosh HD ▸ 사용자 ▸ hackurity ▸ lecture ▸
       lecture-3 ▸ src ▸ assets
생성일: 2020년 12월 8일 화요일 오후 9:55
수정일: 2020년 12월 8일 화요일 오후 9:55

그림 3-32 동영상 파일정보

## 동영상 압축

동영상 최적화는 이미지 최적화와 비슷합니다. 동영상의 가로와 세로 사이즈를 줄이고, 압축 방식을 변경하여 동영상의 용량을 줄이는 거죠. 물론, 동영상에는 프레임 레이트(frame rate) 등 이미지보다는 좀 더 복잡한 설정이 있지만, 완전히 동영상에 특화된 서비스를 개발하지 않는 이상 그 정도까지 알 필요는 없습니다. 여기서는 단순하게 동영상을 압축하는 툴을 활용하여 최적화할 것입니다.

주의해야 할 점은 지금 하려는 최적화 작업, 즉 동영상을 더 작은 사이즈로 압축하는 작업은 동영상의 화질을 낮추는 작업이라는 점입니다. 따라서 동영상이 서비스의 메인 콘텐츠라면 이 작업을 추천하지 않습니다. 하지만 이 장의 홈페이지와 같은 사이트에서는, 다시 말해 동영상이 메인 콘텐츠가 아닌 서비스에서는 이 최적화 기법을 적용해도 무방합니다. 또한 이 장에서는 동영상 최적화 서비스를 제공하는 온라인 사이트를 이용하지만, 만약 여러분 컴퓨터에 동영상 편집 프로그램이 설치되어 있다면 그것을 이용하여 동영상을 압축해도 좋습니다.

본론으로 돌아가서 본격적으로 동영상을 압축해 봅시다. 온라인에 '온라인 동영상 압축'이라고 검색하면 다양한 온라인 동영상 압축 서비스를 찾을 수 있습니다. 이번 실습에서는 그중 Media.io라는 서비스를 이용할 것입니다.

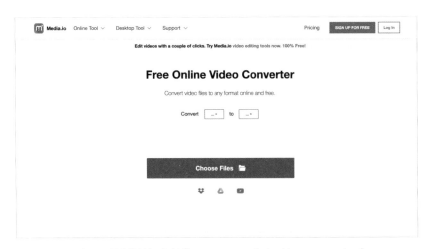

그림 3-33 동영상 압축 서비스(*https://www.media.io/video-converter.html*)

Media.io에 동영상 파일을 업로드하면 다음과 같이 몇 가지 설정을 할 수 있습니다. 우선 파일 확장자를 WebM으로 선택합니다. WebM은 앞에서 배운 WebP와 동일하게 구글에서 개발한 동영상 포맷입니다. 역시나 웹에 최적화된 포맷입니다. 톱니바퀴 아이콘을 누르면 설정 창이 뜹니다. 여기서는 딱 두 가지 설정만 수정할 것인데요. 바로 Bitrate[4]와 Audio 설정입니다. 그림 3-34와 같이 Bitrate는 제일 낮은 512Kbps로 설정하고 Audio는 체크를 해제합니다.

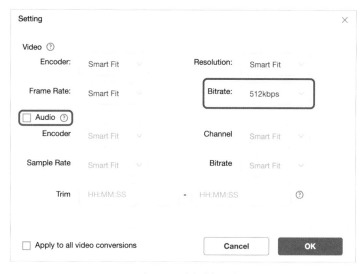

그림 3-34 동영상 압축 옵션

설정이 완료되었다면 변환(convert) 버튼을 누르고 다운로드를 합니다.(그림 3-35, 3-36) 다운로드된 동영상을 확인해 보면 용량이 원본의 1/5인 12MB가 됐습니다. 그럼 이 동영상을 서비스에 적용해 봅시다.(그림 3-37)

4  Bitrate는 특정한 시간 단위마다 처리하는 비트의 수로 동영상에서는 1초에 얼마나 많은 정보를 포함하는가를 의미합니다. 따라서 이 값이 크면 1초에 더 많은 정보를 포함하게 되므로 화질은 좋아지지만 파일의 사이즈는 커집니다.

그림 3-35 동영상 압축 준비 화면

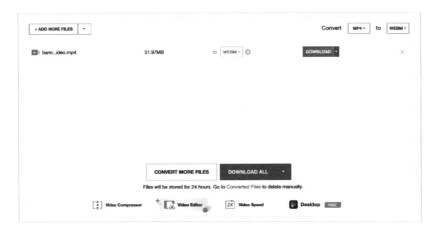

그림 3-36 동영상 압축 완료 화면

그림 3-37 WebM 포맷으로 압축된 동영상 정보

## 압축된 동영상 적용

압축된 동영상은 이미지 최적화에서 했던 것처럼 파일 이름에 언더바(_)를 붙여 assets 폴더로 옮겨 줍니다. 그런 다음 동영상을 렌더링하는 BannerVideo 컴포넌트에서 파일을 교체하면 되는데요. 여기서 잊으면 안 되는 것이 하나 있습니다. 바로 호환성입니다. WebP 이미지를 적용할 때 브라우저 호환성을 고려하여 picture 태그를 사용했습니다. 이번에도 마찬가지입니다. WebM 파일을 지원하지 않는 브라우저를 위해 다음과 같이 video 태그를 사용하여 코드를 작성합니다.

```
import video from '../assets/banner-video.mp4'
import video_webm from '../assets/_banner-video.webm'

<video className="생략" autoPlay loop muted>
  <source src={video_webm} type="video/webm" />
  <source src={video} type="video/mp4" />
</video>
```

webm 동영상 적용

이렇게 하면 WebM 동영상을 지원하지 않는 브라우저에서는 그다음 소스인 MP4 동영상으로 재생을 합니다. 만약을 위해 MP4 동영상도 압축하여 적용할 수 있지만 확장자만 mp4로 적용하는 동일한 작업이므로 생략하겠습니다.

## 최적화 전후 비교

최적화 후 Performance 패널로 분석해 보면 동영상이 이전과 달리 매우 빠르게 로드되고 재생되는 것을 확인할 수 있습니다. 사이트에서 직접 새로고침을 해서 눈으로 확인해 봐도 큰 끊김 없이 영상이 로드되고 재생되는 것을 볼 수 있습니다.(그림 3-38)

## 팁

동영상 압축 후, 전보다 빠르게 로드되고 있긴 하지만 화질은 많이 저하되었습니다. 동영상을 압축하기 전에 이 점을 유의해야 한다고 밝혔습니다. 하지만 그럼에도 동영상을 압축해야 한다면 저하된 화질을 보완할 수 있는 방법이 몇

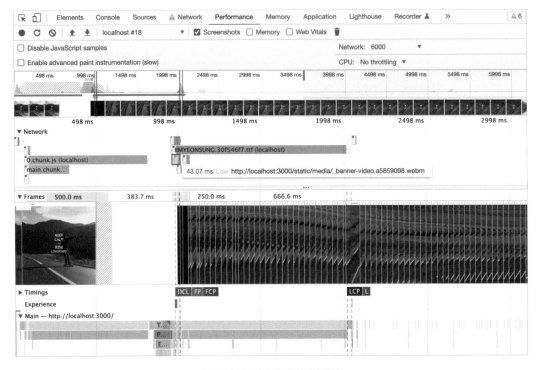

그림 3-38 압축 후 동영상 로딩 과정

가지 있습니다. 바로 패턴과 필터를 이용하는 것입니다. 말 그대로 동영상 위에 패턴을 넣거나 동영상에 필터를 씌우는 방법입니다. 이렇게 하면 동영상이 패턴이나 필터에 가려져서 사용자는 동영상의 화질이 좋지 않음을 쉽게 인지할 수 없습니다. 눈치챘을지 모르지만 이미 이 동영상에는 패턴이 적용되어 있습니다. 페이지를 확대해 보면 다음과 같이 동영상 위에 무수히 많은 점이 찍혀 있습니다.(그림 3-39) 이 패턴 덕분에 동영상의 낮은 화질을 조금 보완할 수 있었습니다.

그림 3-39 배너에 적용된 패턴 배경

만약 패턴만으로 충분하지 않다면 필터를 적용할 수 있습니다. 다양한 필터가 있지만, 그중에 가장 효과적인 것은 blur입니다. video 요소에 CSS 코드로 `filter: blur(10px)`를 넣어 주면 동영상이 흐려집니다.(그림 3-40) 지금처럼 굳이 동영상을 있는 그대로 보여 줄 필요가 없을 때, 또는 배경으로만 가볍게 사용할 때 효과적입니다.

그림 3-40 동영상 요소에 filter: blur(10px)를 적용한 모습

## 폰트 최적화

이번에는 홈페이지에 쓰인 폰트를 최적화해 보겠습니다. 먼저 서비스에서 적용된 폰트를 확인해 봅시다. Network 패널의 throttle 설정을 'Fast 3G'로 설정한 후 메인 페이지를 새로고침하면 다음과 같이 배너에 있는 텍스트가 변하는 것을 볼 수 있습니다.(그림 3-41)

이 현상은 텍스트가 보이는 시점에 폰트 다운로드가 완료되지 않아 생기는 현상입니다. Network 패널에서 폰트를 확인해 보면 파일 크기가 750kB이며 다운로드하는 데 4.82초가 걸린 것을 볼 수 있습니다. 즉, 페이지가 로드되고 대략 5초 후에야 폰트가 제대로 적용된 모습을 볼 수 있다는 것이죠.(그림 3-42)

그림 3-41 폰트의 변화

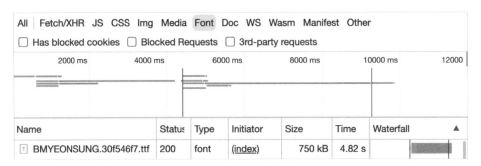

그림 3-42 Network 패널에서 본 폰트 다운로드 정보

이 현상은 당연히 사용성에 영향을 줍니다. 폰트가 바뀌면서 깜박이는 모습은 페이지가 느리다는 느낌을 줄 수도 있고 또는 다른 요소를 밀어낼 수도 있습니다. 따라서 이런 폰트 관련 문제를 해결하는 방법을 알아봅시다.

## FOUT, FOIT

폰트의 변화로 발생하는 이 현상을 FOUT(Flash of Unstyled Text) 또는 FOIT (Flash of Invisible Text)라고 합니다. 먼저 FOUT는 Edge 브라우저에서 폰트를 로드하는 방식으로, 폰트의 다운로드 여부와 상관없이 먼저 텍스트를 보여준 후 폰트가 다운로드되면 그때 폰트를 적용하는 방식입니다. FOIT는 크롬, 사파리, 파이어폭스 등에서 폰트를 로드하는 방식으로, 폰트가 완전히 다운로드되기 전까지 텍스트 자체를 보여 주지 않습니다. 그리고 폰트 다운로드가 완료되면 폰트가 적용된 텍스트를 보여 줍니다. 하지만 크롬에서 테스트해 보면 폰트가 제대로 다운로드되지 않았는데도 텍스트가 보입니다. 그 이유는 완전한 FOIT가 아니라 3초만 기다리는 FOIT이기 때문입니다. 즉, 3초 동안은 폰트가 다운로드되기를 기다리다가 3초가 지나도 폰트가 다운로드되지 않으면 기본 폰트로 텍스트를 보여 줍니다. 그런 다음 폰트가 다운로드되면 해당 폰트를 적용합니다. 그래서 크롬에서 텍스트가 표시되는 과정을 보면 페이지 로드 후, 첫 3초 동안은 텍스트가 보이지 않는 것을 알 수 있습니다.

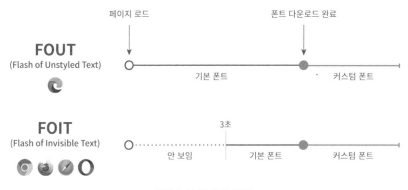

그림 3-43 FOUT와 FOIT

어떤 방식이 더 낫다고 말할 순 없습니다. 상황에 따라 더 적절한 방법이 있는 것이죠. 중요한 것은 폰트를 최대한 최적화해서 폰트 적용 시 발생하는 깜박임 현상을 최소화하는 것입니다. 그렇다면 이런 폰트 문제는 어떻게 최적화할 수 있을까요?

### 폰트 최적화 방법

폰트를 최적화하는 방법은 크게 두 가지가 있습니다. 하나는 폰트 적용 시점을 제어하는 방법이고, 다른 하나는 폰트 사이즈를 줄이는 방법입니다.

### 폰트 적용 시점 제어하기

앞서 상황에 따라 FOUT가 좋을 때가 있고 FOIT가 좋을 때가 있다고 했습니다. 예를 들어 중요한 텍스트(뉴스 제목 등)의 경우 FOIT 방식으로 폰트를 적용하면 텍스트 내용이 사용자에게 빠르게 전달되지 않을 것입니다. 반면에 사용자

에게 꼭 전달하지 않아도 되는 텍스트의 경우 FOUT 방식으로 인한 폰트 변화
는 사용자의 시선을 분산시킬 수 있습니다. 따라서 서비스 또는 콘텐츠의 특성
에 맞게 적절한 방식을 적용해야 합니다. CSS의 font-display 속성을 이용하면
폰트가 적용되는 시점을 제어할 수 있습니다. font-display는 @font-face에서
설정할 수 있고 다음 값을 갖습니다.

- auto: 브라우저 기본 동작 (기본 값)
- block: FOIT (timeout = 3s)
- swap: FOUT
- fallback: FOIT (timeout = 0.1s) / 3초 후에도 불러오지 못한 경우 기본 폰트
  로 유지, 이후 캐시
- optional: FOIT (timeout = 0.1s) / 이후 네트워크 상태에 따라 기본 폰트로
  유지할지 결정, 이후 캐시

이 속성을 이용하면 FOUT 방식으로 폰트를 렌더링하는 Edge에 FOIT 방식을
적용하거나, FOIT 방식으로 폰트를 렌더링하는 크롬에 FOUT 방식을 적용할
수 있습니다. fallback과 optional은 FOIT 방식이지만 텍스트를 보여 주지 않
는 시간이 3초가 아닌 0.1초입니다. 차이점은 fallback의 경우 3초 후에도 폰트
를 다운로드하지 못한 경우, 이후에 폰트가 다운로드되더라도 폰트를 적용하
지 않고 캐시해 둡니다. 결국 최초 페이지 로드에서 폰트가 늦게 다운로드되면
폰트가 적용되지 않은 모습이 계속 보이겠죠? 하지만 페이지를 다시 로드했을
때는 폰트가 캐시되어 있으므로 바로 폰트가 적용된 텍스트를 볼 수 있게 됩니
다. optional의 경우 3초가 아니라 사용자의 네트워크 상태를 기준으로 폰트를
적용할지 기본 폰트로 유지할지 결정합니다.

```
@font-face {
  font-family: BMYEONSUNG;
  src: url('./assets/fonts/BMYEONSUNG.ttf');
  font-display: fallback;
}
```

font-display의 fallback 값

이처럼 font-display 속성을 이용해서 폰트가 적용되는 시점을 제어할 수 있습니다. 중요한 것은 서비스하는 콘텐츠의 특성에 맞게 적절한 값을 설정하는 것입니다. 여기서는 FOIT 방식인 block을 사용할 것입니다. 왜냐하면 'KEEP CALM AND RIDE LONGBOARD' 텍스트는 빠르게 보여 줘야 하거나 중요한 내용의 텍스트는 아니기 때문에 폰트가 적용된 상태로 보이는 것이 사용자에게 더 자연스러워 보이기 때문입니다. 문제는 이렇게 block 옵션을 설정하면 안 보이던 폰트가 갑자기 나타나서 조금 어색할 수도 있다는 점인데요. 이 문제를 해결하기 위해 페이드 인(fade-in) 애니메이션을 적용해 보려고 합니다.

폰트에 페이드 인 효과를 적용하려면 CSS가 아닌 자바스크립트의 도움이 필요합니다. 폰트가 다운로드되기 전에는 텍스트를 보여 주지 않다가 다운로드가 완료되면 페이드 인 효과와 함께 폰트가 적용된 텍스트를 보여 주는 것입니다. 그러려면 먼저 폰트가 다운로드 완료되는 시점을 알아야 합니다. 폰트의 다운로드 시점은 fontfaceobserver라는 라이브러리를 통해 알 수 있습니다. 다음 스크립트를 통해 라이브러리를 다운로드합니다.

```
npm install --save fontfaceobserver
```

fontfaceobserver 설치

다운로드한 fontfaceobserver는 import를 한 후, new 연산자를 사용하여 인스턴스를 생성할 수 있습니다. 그리고 아래 코드와 같이 load 메서드를 통해 어느 시점에 BMYEONSUNG 폰트가 다운로드되었는지를 알 수 있습니다. 이때 load 메서드는 테스트 문자열과 타임아웃 값을 인자로 받고 Promise 객체를 반환합니다. 여기서는 타임아웃을 20초(20,000밀리초)로 설정했는데요. 만약 이 시간 안에 폰트가 다운로드되지 않으면 Promise에서 에러를 발생시킵니다.

```
import FontFaceObserver from 'fontfaceobserver'

const font = new FontFaceObserver('BMYEONSUNG')

function BannerVideo() {
  useEffect(() => {
    font.load(null, 20000).then(function () {
```

```
      console.log('BMYEONSUNG has loaded')
    })
  }, [])

  // 생략
}
```

이제 폰트가 로드되는 시점을 알았으니 배너 텍스트에 페이드 인 효과를 적용
해 봅시다.

```
function BannerVideo() {
  const [isFontLoaded, setIsFontLoaded] = useState(false)

  useEffect(() => {
    font.load(null, 20000).then(function () {
      console.log('BMYEONSUNG has loaded')
      setIsFontLoaded(true)
    })
  }, [])

  return (
    <div>
      {/* 생략 */}
      <div
        className='w-full h-full flex justify-center items-center'
        style={{opacity: isFontLoaded ? 1 : 0,
                transition: 'opacity 0.3s ease'}}>
        <div className='text-white text-center'>
          <div className='text-6xl leading-none font-semibold'>
              KEEP</div>
          <div className='text-6xl leading-none font-semibold'>
              CALM</div>
          <div className='text-3xl leading-loose'>AND</div>
          <div className='text-6xl leading-none font-semibold'>
              RIDE</div>
          <div className='text-5xl leading-tight font-semibold'>
              LONGBOARD</div>
        </div>
      </div>
    </div>
  )
}
```

이렇게 opacity를 폰트 로드 상태에 따라 0에서 1로 바꿔 주고 transition 속성을 설정하면 폰트가 로드될 때 텍스트가 애니메이션 효과와 함께 나타날 것입니다. 직접 한번 확인해 보시죠. 어떤가요? 텍스트가 갑자기 나타났을 때보다 보기 좋지 않나요? 텍스트를 단순히 빠르게 띄우는 것도 좋지만, 이런 식으로 사용자에게 보기 편하게 서비스하는 것도 체감 성능을 높이는 데 중요합니다.

### 폰트 파일 크기 줄이기

이번에는 폰트 파일 크기를 줄여 폰트가 다운로드되는 시간을 단축하는 방법을 알아보겠습니다. 폰트 파일 크기를 줄이는 방법에는 두 가지가 있습니다. 하나는 이미지나 비디오와 마찬가지로 압축률이 좋은 폰트 포맷을 사용하는 것이고, 다른 하나는 필요한 문자의 폰트만 로드하는 것입니다.

### 폰트 포맷 변경하기

흔히 알고 있는 폰트 포맷은 운영 체제에서 사용하는 TTF 및 OTF 포맷입니다. 현재 홈페이지에 적용되어 있는 폰트도 TTF 포맷이죠. 하지만 TTF 포맷은 파일 크기가 매우 큽니다. 이미 다운로드되어 있는 운영 체제 환경에서는 상관없지만 매번 리소스를 다운로드해야 하는 웹 환경에서는 적절하지 않습니다. 그래서 나온 것이 WOFF입니다. WOFF는 Web Open Font Format의 약자로, 이름 그대로 웹을 위한 폰트입니다. 이 포맷은 TTF 폰트를 압축하여 웹에서 더욱 빠르게 로드할 수 있도록 만들었습니다. 더 나아가서 WOFF2라는 더욱 향상된 압축 방식을 적용한 포맷도 있습니다.

그림 3-44 폰트 포맷별 파일 크기 비교

하지만 이미지 포맷과 마찬가지로 WOFF와 WOFF2에도 브라우저 호환성 문제가 있습니다. 물론 모던 브라우저에서는 정상적으로 사용할 수 있지만, 버전이 낮은 일부 브라우저에서는 해당 포맷을 지원하지 않을 수 있습니다.(그림 3-45) 따라서 WOFF2를 우선으로 적용하고 만약 브라우저가 WOFF2를 지원하지 않으면 WOFF를, WOFF도 지원하지 않으면 TTF를 적용하도록 구현해 보겠습니다.

| | | | | | |
|---|---|---|---|---|---|
| TTF/OTF | 12 | 4 | 3.5 | 3.1 | 10 |
| WOFF | 12 | 5 | 3.6 | 5.1 | 11.5 |
| WOFF2 | 14 | 36 | 39 | 12 | 23 |
| EOT | - | - | - | - | - |

그림 3-45 폰트 포맷별 브라우저 호환성

이제 폰트를 직접 적용해 봅시다. 폰트를 적용하려면 폰트가 있어야겠죠? 하지만 현재 가지고 있는 폰트는 TTF 포맷의 폰트입니다. 그래서 이 폰트를 Transfonter(*https://transfonter.org/*)라는 서비스를 이용하여 WOFF와 WOFF2로 변환할 것입니다.

그림 3-46 Transfonter 서비스의 메인 화면

Transfonter는 폰트를 다양한 형태로 변환해 주는 서비스입니다. 여기에 홈페이지에서 사용 중인 BMYEONSUNG.ttf 파일을 업로드하고 다음과 같이 WOFF와 WOFF2가 선택된 상태로 설정하면 됩니다.(그림 3-47)

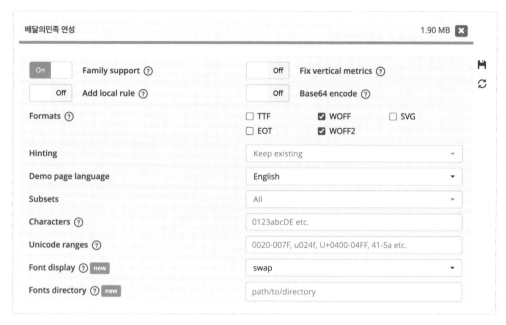

그림 3-47 Transfonter 서비스의 폰트 변환 옵션

그리고 변환(convert) 버튼을 누르면 폰트 파일을 다운로드할 수 있습니다.

| | | | |
|---|---|---|---|
| BMYEONSUNG.woff | 오후 4:25 | 790KB | 문서 |
| BMYEONSUNG.woff2 | 오후 4:26 | 447KB | 문서 |
| demo.html | 오후 4:26 | 6KB | HTML 텍스트 |
| stylesheet.css | 오후 4:26 | 218바이트 | CSS |

그림 3-48 변환된 폰트 파일[5]

TTF 포맷에서는 1.9MB이었던 파일이 WOFF에서는 790KB, WOFF2에서는 447KB로 줄어들었습니다.(그림 3-48) 이제 이 폰트를 프로젝트 폴더인 assets/fonts로 옮기고 서비스에 적용해 봅시다. 폰트를 적용하려면 App.css의 @font-face에 넣으면 되며, src 속성에 적용 우선순위가 높은 것부터 차례로 나열하면 됩니다. 이때 format 정보도 함께 작성합니다.

---

5   demo.html과 stylesheet.css 파일은 폰트가 적용된 모습을 볼 수 있는 예시 페이지입니다.

```
@font-face {
  font-family: BMYEONSUNG;
  src: url('./assets/fonts/BMYEONSUNG.woff2') format('woff2'),
    url('./assets/fonts/BMYEONSUNG.woff') format('woff'),
    url('./assets/fonts/BMYEONSUNG.ttf') format('truetype');
  font-display: block;
}
```

woff2와 woff 폰트 적용

코드를 작성한 후 메인 페이지를 새로고침해 보면 Network 패널에 TTF가 아닌 WOFF2 포맷의 폰트가 로드되는 것을 볼 수 있습니다. 만약 브라우저가 WOFF2를 지원하지 않는다면 WOFF를 로드할 것입니다.

| Name | Status | Type | Initiator | Size |
|------|--------|------|-----------|------|
| T BMYEONSUNG.b184ad44.woff2 | 200 | font | (index) | 447 kB |

그림 3-49 WOFF2 포맷 폰트의 로딩

### 서브셋 폰트 사용

폰트 포맷을 변경하여 파일 크기를 줄여 봤습니다. 꽤 의미 있는 수준으로 줄어들긴 했지만 447kB이라는 용량은 여전히 너무 큽니다. 하지만 폰트라는 것은 모든 글자에 대한 스타일 정보를 모두 담고 있기 때문에 이 이상 줄이기 어려울지도 모릅니다. 그런데 잘 생각해 보면 홈페이지에서 웹 폰트를 사용하는 텍스트는 배너 영역 하나입니다. 그것도 'KEEP CALM AND RIDE LONGBOARD' 텍스트에만 사용됩니다. 즉, 모든 문자의 폰트 정보를 가지고 있을 필요 없이 해당 문자의 폰트 정보만 있으면 된다는 뜻입니다. 이렇게 모든 문자가 아닌 일부 문자의 폰트 정보만 가지고 있는 것을 서브셋(subset) 폰트라고 합니다.

서브셋 폰트는 폰트 포맷을 변경했던 Transfonter 서비스에서 생성할 수 있습니다. 설정 중에 Characters에 폰트를 적용할 문자(KEEP CALM AND RIDE LONGBOARD)를 넣으면 해당 문자에 대한 서브셋 폰트가 나옵니다. 이번에는 TTF 포맷의 폰트도 생성합니다.(그림 3-50)

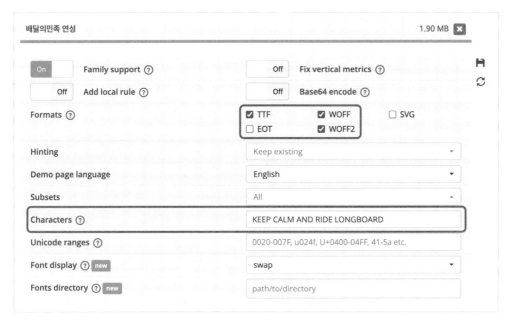

그림 3-50 서브셋 폰트 설정

변환 버튼을 누르면 그림 3-51과 같이 변환된 폰트를 다운로드할 수 있습니다. 변환된 폰트는 파일 크기가 매우 작음을 확인할 수 있습니다. 왜냐하면 기존의 BMYEONSUNG.ttf 파일에는 모든 영문자와 한글 폰트 정보가 포함되어 있었기 때문에 파일 크기가 굉장히 컸는데, 서브셋 폰트에서는 일부 영문자를 제외하고 모두 제거했기 때문입니다. 이제 적용해 봅시다.

| | | | |
|---|---|---|---|
| demo.html | 오후 6:41 | 6KB | HTML 텍스트 |
| stylesheet.css | 오후 6:41 | 289바이트 | CSS |
| subset-BMYEONSUNG.ttf | 오후 6:41 | 21KB | TrueType® 서체 |
| subset-BMYEONSUNG.woff | 오후 6:41 | 10KB | 문서 |
| subset-BMYEONSUNG.woff2 | 오후 6:41 | 8KB | 문서 |

그림 3-51 변환된 서브셋 폰트

```
@font-face {
  font-family: BMYEONSUNG;
  src: url('./assets/fonts/subset-BMYEONSUNG.woff2') format('woff2'),
    url('./assets/fonts/subset-BMYEONSUNG.woff') format('woff'),
```

```
    url('./assets/fonts/subset-BMYEONSUNG.ttf') format('truetype');
  font-display: block;
}
```

서브셋 폰트 적용

Network 패널에서 살펴보면 throttling을 적용했는데도 빠르게 로드되는 것을 볼 수 있습니다.

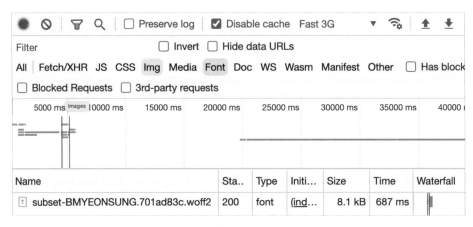

그림 3-52 변환된 서브셋 폰트의 로딩

여기서 한 발 더 나아가서 폰트를 파일 형태가 아닌 Data-URI 형태로 CSS 파일에 포함할 수도 있습니다. Data-URI란 data 스킴이 접두어로 붙은 문자열 형태의 데이터인데, 쉽게 말해서 파일을 문자열 형태로 변환하여 문서(HTML, CSS, 자바스크립트 등)에 인라인으로 삽입하는 것입니다. 보통 App.css 파일이 로드된 후 폰트를 적용하기 위해 폰트 파일을 추가로 로드해야 되지만, Data-URI 형태로 만들어서 App.css 파일에 넣어 두면 별도의 네트워크 로드 없이 App.css 파일에서 폰트를 사용할 수 있습니다.

폰트 파일을 Data-URI 형태로 App.css에 포함하려면 먼저 폰트를 문자열 데이터로 변환해야 합니다. 이 역시 Transfonter을 이용하면 됩니다. 폰트는 서브셋된 WOFF2 파일을 업로드하고 Formats에서 WOFF2를 선택합니다(WOFF와 TTF도 동일한 과정을 거칩니다). 그리고 Data-URI 형태로 추출하기 위해서 Base64 encode 옵션을 On으로 설정해 줍니다.(그림 3-53)

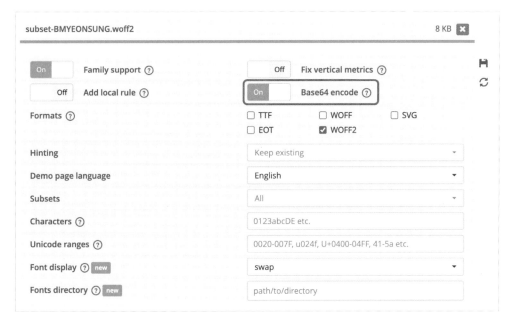

그림 3-53 폰트의 Data-URI 변환 옵션

변환이 완료되면 변환된 파일 중 stylesheet.css 파일을 텍스트 에디터로 열어 줍니다. 그러면 그림 3-54와 같이 @font-face에 폰트 파일의 경로가 아닌 이상한 문자열이 들어가 있는 것을 볼 수 있습니다. 이 문자열이 바로 WOFF2 파일을 Data-URI로 변환한 것입니다.

```
1  @font-face {
2      font-family: 'BM YEONSUNG';
3      src: url('data:font/woff2;charset=utf-8;base64,d09GM
4      font-weight: normal;
5      font-style: normal;
6      font-display: swap;
7  }
```

그림 3-54 Data-URI 폰트의 로딩

이 Data-URI를 복사해서 App.css에 있는 WOFF2 파일 경로 대신 넣어 줍니다.

```
@font-face {
  font-family: BMYEONSUNG;
  src: url('data:font/woff2;charset=utf-8;base64,d09GM...AAA=')
format('woff2'),
    url('./assets/fonts/subset-BMYEONSUNG.woff') format('woff'),
    url('./assets/fonts/subset-BMYEONSUNG.ttf') format('truetype');
  font-display: block;
}
```

**Data-URI로 폰트 적용**

메인 페이지를 새로고침하면 Network 패널에서 폰트 파일이 기존과 달리 방금 넣은 Data-URI 형태로 로드되는 것을 볼 수 있습니다. 확인해 보면 소요 시간이 43밀리초로 매우 짧습니다.(그림 3-55) 기본적으로 브라우저에서 Data-URI를 네트워크 트래픽으로 인식해서 기록하지만 실제로는 이미 다른 파일 내부에 임베드되어 있어 별도의 다운로드 시간이 필요하지 않습니다. 그래서 시간이 매우 짧은 것이죠. 해당 항목을 클릭하여 Timing 탭을 살펴봐도 다운로드 시간이 고려하지 않아도 될 만큼 작음을 알 수 있습니다.(그림 3-56)

| Name | Status | Type | In... | Size | Time | Waterfall |
|---|---|---|---|---|---|---|
| ⊤ data:font/woff2;cha... | 200 | font | (i... | 8.0 kB | 43 ms | ‖ |

그림 3-55 Data-URI 폰트의 로딩

| Name | × Headers Preview Response Initiator **Timing** |
|---|---|
| ⊤ data:font/woff2;cha... | Queued at 4.47 s |
| | Started at 4.47 s |

| | DURATION |
|---|---|
| Connection Start | |
| Stalled | 43.05 ms |
| Request/Response | DURATION |
| Content Download | 47 µs |
| Explanation | **43.09 ms** |

그림 3-56 Data-URI 폰트의 로딩 상세 정보

❗ 여기서 주의해야 하는 점은 Data-URI 형태가 항상 좋은 것은 아니라는 점입니다. 책에서 다룬 예에서는 다운로드 속도가 비교도 안 될 정도로 작다고 느낄 수도 있지만 실제

폰트 내용은 App.css에 포함된 것이므로 App.css의 다운로드 속도 또한 고려해야 합니다. Data-URI가 포함된 만큼 App.css 파일의 다운로드는 느려질 것입니다(App.css는 main.chunk.js에 포함되어 빌드됩니다). 같은 맥락에서 여기서는 서브셋을 통해 폰트 파일의 크기를 매우 작게 만들었기 때문에 Data-URI 형태로 포함해도 큰 문제가 없었지만, 매우 큰 파일을 Data-URI 형태로 포함한다면 포함한 파일 크기가 그만큼 커져 또 다른 병목을 발생시킬 수 있습니다.

## 캐시 최적화

지금까지 여러 가지 최적화 기법을 서비스에 적용해 봤습니다. 최적화된 서비스를 Lighthouse를 통해 검사해 봅시다.(그림 3-57, 3-58)

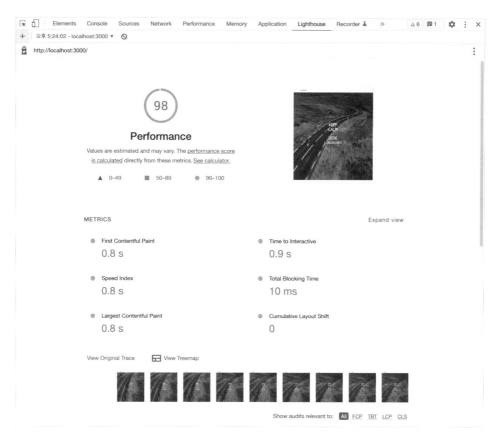

그림 3-57 Lighthouse 검사 결과1

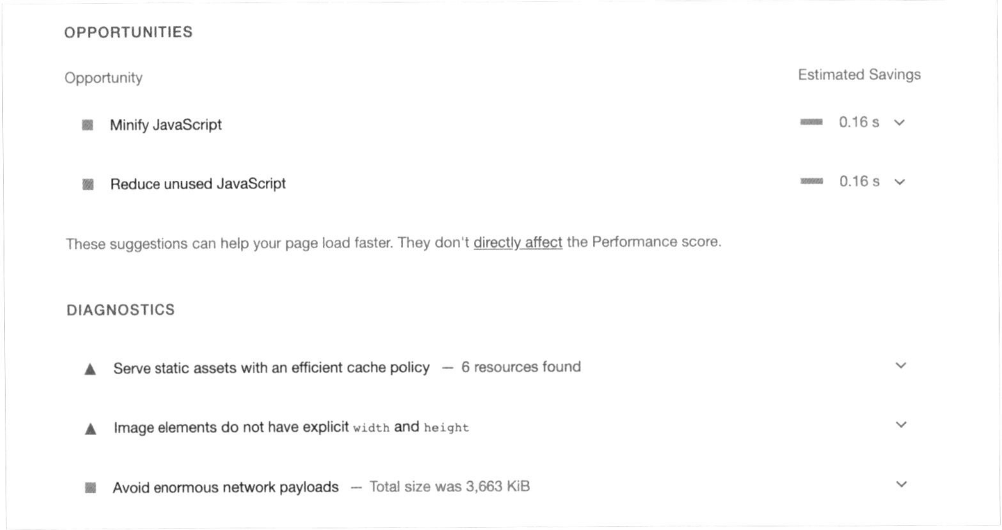

그림 3-58 Lighthouse 검사 결과2

결과를 보면 점수가 아주 높게 나왔습니다. 간단한 페이지이기도 하고 지금까지 많은 최적화를 적용했기 때문입니다. 그런데 한 가지 눈에 띄는 부분이 있습니다. Diagnostics 섹션의 'Serve static assets with an efficient cache policy'라는 항목입니다. 이 항목은 네트워크를 통해 다운로드하는 리소스에 캐시를 적용하라는 의미입니다. 항목을 클릭해서 펼쳐 보면 거의 모든 리소스에 캐시가 적용되어 있지 않다고 나옵니다.(그림 3-59)

실제로 Network 패널에서 위 리소스 중 하나를 확인해 보면 응답 헤더에 캐시에 대한 설정인 Cache-Control이라는 헤더가 없는 것을 알 수 있습니다. 즉, npm run start로 실행한 서버에는 캐시 설정이 제대로 되어 있지 않은 것입니다.(그림 3-60)

### 캐시란?

캐시는 간단히 말하면 자주 사용하는 데이터나 값을 미리 복사해 둔 임시 저장 공간 또는 저장하는 동작입니다. 웹에서는 서비스에서 사용하는 이미지나 자바스크립트 파일을 매번 네트워크를 통해 불러오지 않고 최초에만 다운로드하여 캐시에 저장해 두고 그 이후 요청 시에는 저장해 둔 파일을 사용합니다.

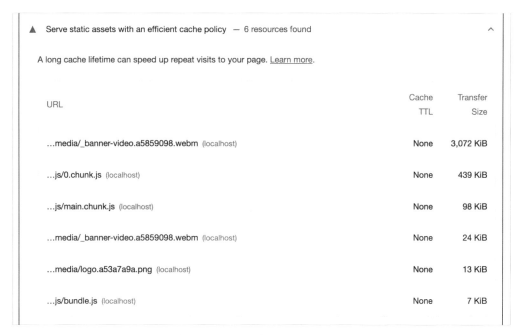

그림 3-59 Lighthouse 검사 결과 중 캐시 관련 항목

| Name |
|---|
| 🗎 localhost |
| ⬡ bundle.js |
| ⬡ 0.chunk.js |
| ⬡ main.chunk.js |
| ⬡ main.4e4858ccc01a0749... |
| ⬚ logo.a53a7a9a.png |
| ⬚ data:image/svg+xml,... |
| ⬚ data:font/woff2;cha... |
| ☐ sockjs-node |
| ☐ _banner-video.a5859098.... |
| ☐ manifest.json |
| ☐ favicon.ico |
| ☐ logo192.png |

× **Headers**   Preview   Response   Initiator   Timing

▾ **General**

**Request URL:** http://localhost:3000/static/js/0.chunk.js
**Request Method:** GET
**Status Code:** ● 200 OK
**Remote Address:** 127.0.0.1:3000
**Referrer Policy:** strict-origin-when-cross-origin

▾ **Response Headers**   View source

**Accept-Ranges:** bytes
**Connection:** keep-alive
**Content-Encoding:** gzip
**Content-Type:** application/javascript; charset=UTF-8
**Date:** Sun, 14 Aug 2022 08:30:21 GMT
**ETag:** W/"1d99c8-h7+xrc0phgRGU/2OuP5Kh8oflT4"
**Keep-Alive:** timeout=5
**Transfer-Encoding:** chunked
**Vary:** Accept-Encoding
**X-Powered-By:** Express

그림 3-60 번들 파일의 응답 헤더

### 캐시의 종류

웹에서 사용하는 캐시는 크게 두 가지로 구분할 수 있습니다. 바로 메모리 캐시와 디스크 캐시입니다.

- 메모리 캐시: 메모리에 저장하는 방식입니다. 여기서 메모리는 RAM을 의미합니다.
- 디스크 캐시: 파일 형태로 디스크에 저장하는 방식입니다.

어떤 캐시를 사용할지는 직접 제어할 수 없습니다. 브라우저가 사용 빈도나 파일 크기에 따라 특정 알고리즘에 의해 알아서 처리합니다. 직접 확인해 봅시다. 구글 홈페이지에서 개발자 도구를 열어 Network 패널을 확인해 보시면 Size 항목에 memory cache 또는 disk cache라고 표시된 것을 볼 수 있습니다. 이 리소스들이 브라우저에 캐시된 리소스입니다.(그림 3-61)

 캐시를 확인할 때는 Network 패널의 Disable cache 설정을 꺼야 합니다.

캐시가 적용된 리소스를 클릭해 봅시다. 응답 헤더를 보면 Cache-Control이라는 헤더가 들어 있는 것을 볼 수 있습니다. 이 헤더는 서버에서 설정되며, 이를 통해 브라우저는 해당 리소스를 얼마나 캐시할지 판단합니다.(그림 3-62)

> 구글에서 단순 새로고침을 한 후 확인했다면 memory cache가 많을 것입니다. 왜냐하면 이미 구글의 리소스가 메모리에 캐시되었기 때문입니다. 브라우저를 완전히 종료한 후 구글에 접속하는 첫 네트워크 리소스를 확인하면 disk cache가 많을 것입니다. 브라우저가 완전히 종료되면 메모리에 있는 내용은 제거하고 다음 접속 때는 파일 형태로 남아 있는 캐시를 활용하기 때문입니다.

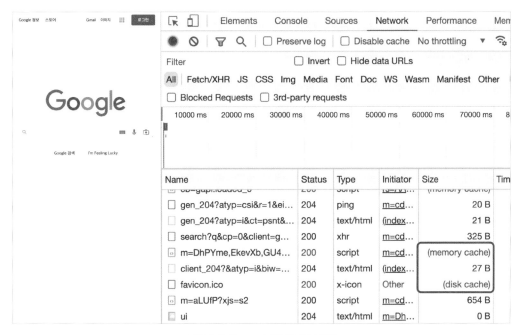

그림 3-61 Network 패널의 캐시 정보

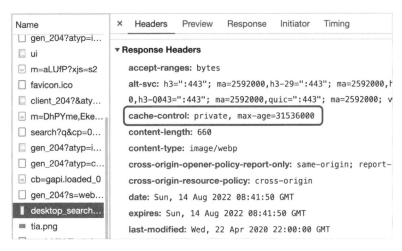

그림 3-62 네트워크 리소스에서 볼 수 있는 Cache-Control 지시문

브라우저가 캐시를 하기 위해서는 Cache-Control이라는 헤더가 응답 헤더에 있어야 함을 알았습니다. 그럼 이번에는 Cache-Control은 어떤 값이 어떻게 설정되는 헤더인지 알아봅시다.

## Cache-Control

Cache-Control은 리소스의 응답 헤더에 설정되는 헤더입니다. 브라우저는 서버에서 이 헤더를 통해 캐시를 어떻게, 얼마나 적용해야 하는지 판단합니다. Cache-Control에는 대표적으로 아래 5가지 값이 조합되어 들어갑니다.

- no-cache: 캐시를 사용하기 전 서버에 검사 후 사용
- no-store: 캐시 사용 안 함
- public: 모든 환경에서 캐시 사용 가능
- private: 브라우저 환경에서만 캐시 사용, 외부 캐시 서버에서는 사용 불가
- max-age: 캐시의 유효 시간

no-cache는 이름만 보면 캐시를 사용하지 않는 것으로 오해할 수 있는데요. 이 옵션은 캐시를 사용하지 않는 것이 아니라, 사용 전에 서버에 캐시된 리소스를 사용해도 되는지 한 번 체크하도록 하는 옵션입니다. 캐시를 사용하지 않는 옵션은 no-store입니다. public과 private으로 설정하면 max-age에서 설정한 시간만큼은 서버에 사용 가능 여부를 묻지 않고 캐시된 리소스를 바로 사용합니다. 만약 유효 시간이 지났다면 서버에 캐시된 리소스를 사용해도 되는지 다시 체크하고 유효 시간만큼 더 사용합니다. public과 private의 차이는 캐시 환경에 있습니다. 웹 리소스는 브라우저뿐만 아니라 웹 서버와 브라우저 사이를 연결하는 중간 캐시 서버에서도 캐시될 수 있습니다. 만약 중간 서버에서 캐시를 적용하고 싶지 않다면 private 옵션을 사용합니다. max-age는 초 단위로 얼마나 오래 캐시를 사용할 것인지 설정합니다. 만약 max-age=60이라면 60초 동안 캐시를 사용한다는 의미인 것이죠. 몇 가지 예시를 들어봅시다.

- Cache-Control: max-age=60
  60초(1분) 동안 캐시를 사용합니다. private 옵션이 없으므로 기본 값인 public으로 설정되어 모든 환경에서 캐시를 합니다.

- Cache-Control: private, max-age=600
  브라우저 환경에서만 600초(10분) 동안 캐시를 사용합니다.

- Cache-Control: public, max-age=0

모든 환경에서 0초 동안 캐시를 사용합니다. 여기서 0초는 사실상 캐시가 바로 만료되는 상태이므로 매번 서버에 캐시를 사용해도 되는지 확인을 합니다. 즉, no-cache와 동일한 설정이라고 볼 수 있습니다.

그럼 서비스에 이 설정들을 적용해 봅시다.

## 캐시 적용

캐시는 응답 헤더에서 Cache-Control 헤더를 통해 설정된다고 했습니다. 여기서 중요한 것은 응답 헤더는 서버에서 설정해 준다는 것입니다. 하지만 리액트는 서버가 아니므로 캐시 설정을 할 수 있도록 간단한 노드 서버를 미리 만들어 뒀습니다.

노드 서버는 server/server.js에 구현되어 있으며 npm run serve 스크립트로 실행할 수 있습니다. 물론 serve 스크립트를 실행하기 전에 npm run build로 프로젝트를 한 번 빌드해야 합니다. 이때 서버는 5000번 포트에서 실행됩니다.

```
$ npm run build
$ npm run serve
```

빌드된 파일로 서비스 실행

serve.js 파일을 열어 보면 여러 코드가 있습니다. 다른 코드는 신경 쓰지 말고 여덟 번째 줄에 있는 setHeaders라는 함수만 보면 됩니다. 해당 코드가 바로 응답 헤더를 설정하는 코드입니다. 함수 내부에서는 Cache-Control과 Expires, Pragma 등 다양한 헤더를 설정하고 있는데, 이 헤더들은 캐시를 사용하지 않기 위한 설정입니다. 브라우저마다 호환 여부가 달라 추가적인 옵션을 넣은 것입니다. 여기서는 다 지우고 Cache-Control에 max-age=10을 넣겠습니다.

```
const header = {
  setHeaders: (res, path) => {
    res.setHeader('Cache-Control', 'max-age=10')
  },
}
```

모든 리소스에 Cache-Control 헤더 추가

코드를 수정한 후, 수정된 코드가 제대로 반영될 수 있도록 실행 중인 서버를 종료하고 다시 실행합니다. 그리고 실행된 서비스에서 새로고침을 몇 번 하면 Network 패널에 다음과 같이 리소스들이 캐시되는 것을 볼 수 있습니다.

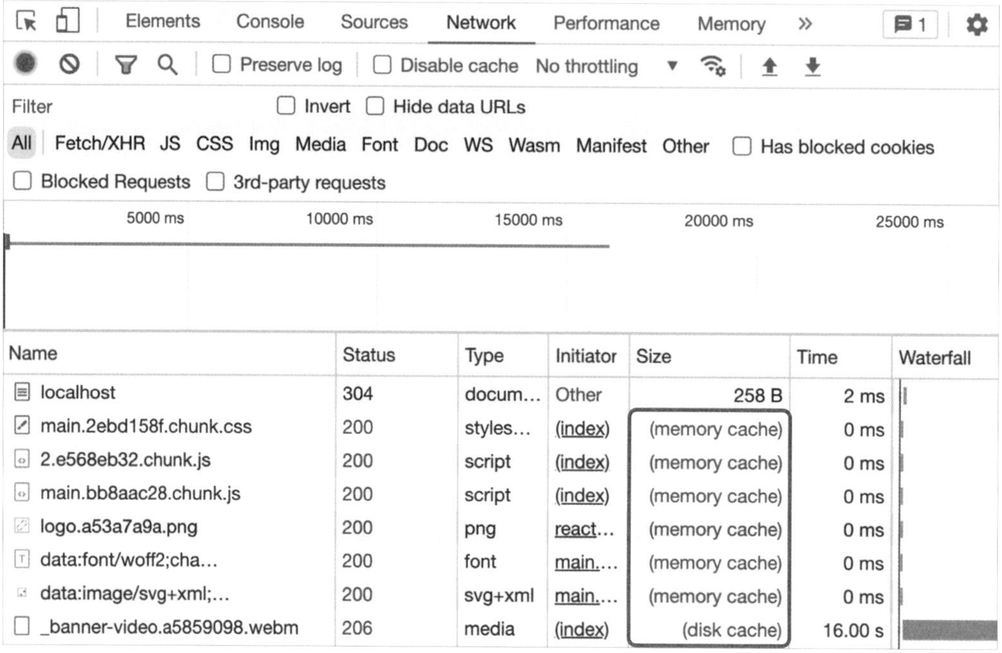

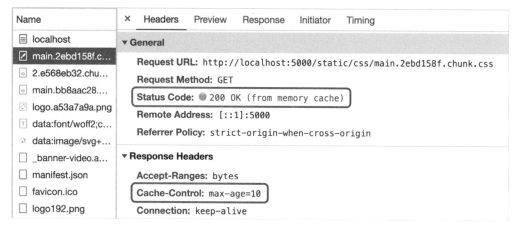

그림 3-63 홈페이지 서비스의 브라우저 캐시 적용 모습

그림 3-64 추가된 Cache-Control 헤더

하지만 설정한 시간인 10초가 지난 후 다시 새로고침해 보면 조금 다른 모습으로 기록되는 것을 볼 수 있습니다.

| Name | Status | Type | Initiator | Size | Time | Waterfall |
|---|---|---|---|---|---|---|
| localhost | 304 | docum... | Other | 258 B | 2 ms | |
| main.2ebd158f.chunk.css | 304 | styles... | (index) | 260 B | 2 ms | |
| 2.e568eb32.chunk.js | 304 | script | (index) | 260 B | 3 ms | |
| main.bb8aac28.chunk.js | 304 | script | (index) | 259 B | 3 ms | |
| data:font/woff2;cha... | 200 | font | main.... | (memory cache) | 0 ms | |
| logo.a53a7a9a.png | 304 | png | react... | 259 B | 3 ms | |
| data:image/svg+xml;... | 200 | svg+xml | main.... | (memory cache) | 0 ms | |
| manifest.json | 304 | manifest | Other | 258 B | 6 ms | |
| favicon.ico | 304 | x-icon | Other | 258 B | 6 ms | |
| logo192.png | 304 | png | Other | 259 B | 3 ms | |

그림 3-65 유효 시간이 지난 후 네트워크 상태

왜냐하면 캐시 유효 시간이 만료되면서 브라우저는 기존에 캐시된 리소스를 그대로 사용해도 될지, 아니면 리소스를 새로 다운로드해야 할지 서버에 확인하기 때문입니다. 여기서는 서비스의 각 리소스가 변경되지 않아 브라우저에 캐시되어 있는 리소스를 그대로 사용해도 무방하기 때문에, 서버에서는 변경되지 않았다는 304 상태 코드를 응답으로 보냈습니다.(그림 3-66) 그리고 브라우저는 캐시를 그대로 사용했습니다. 그림 3-65에서 캐시를 그대로 사용했음에도 리소스의 Size가 260B로 기록된 이유는 캐시를 사용해도 되는지 확인하기 위해 네트워크 요청을 보내고 응답을 받았기 때문입니다.

| Name | × Headers Preview Response Initiator Timing |
|---|---|
| localhost | ▼ General |
| main.2ebd158f.c... | Request URL: http://localhost:5000/static/css/main.2ebd158f.chunk.css |
| 2.e568eb32.chu... | Request Method: GET |
| main.bb8aac28.... | Status Code: ● 304 Not Modified |
| data:font/woff2;c... | Remote Address: [::1]:5000 |
| logo.a53a7a9a.png | Referrer Policy: strict-origin-when-cross-origin |
| data:image/svg+ | |

그림 3-66 유효 시간이 지난 후, 리소스의 상태 코드(Status Code)

> 📦 **캐시된 리소스와 서버의 최신 리소스가 같은지 다른지 어떻게 체크할까?**
>
> 캐시 유효 시간이 만료되면 브라우저는 캐시된 리소스를 계속 사용해도 될지 서버에 확인합니다. 이때 서버에서는 캐시된 리소스의 응답 헤더에 있는 Etag 값과 서버에 있는 최신 리소스의 Etag 값을 비교하여 캐시된 리소스가 최신인지 아닌지, 즉, 계속 사용해도 되는지 아닌지 판단합니다. 만약 서버에 있는 리소스가 변했다면 Etag 값이 달라지고, 서버는 새로운 Etag 값과 함께 최신 리소스를 브라우저로 다시 보내 줍니다.

## 적절한 캐시 유효 시간

Cache-Control을 이용하여 캐시 설정을 적용해 봤습니다. 하지만 앞서 적용한 방식은 모든 리소스에 동일한 캐시 설정이 적용되기 때문에 효율적이지 않습니다. 왜냐하면 리소스마다 사용이나 변경 빈도가 달라 캐시의 유효 시간도 달라져야 하기 때문입니다.

일반적으로 HTML 파일에는 no-cache 설정을 적용합니다. 항상 최신 버전의 웹 서비스를 제공하기 위해서입니다. HTML이 캐시되면 캐시된 HTML에서 이전 버전의 자바스크립트나 CSS를 로드하게 되므로 캐시 시간 동안 최신 버전의 웹 서비스를 제공하지 못합니다. 따라서 항상 최신 버전의 리소스를 제공하면서도 변경 사항이 없을 때만 캐시를 사용하는 no-cache 설정을 적용합니다.

하지만 자바스크립트와 CSS는 다릅니다. 빌드된 자바스크립트와 CSS는 파일명에 해시를 함께 가지고 있습니다(main.bb8aac28.chunk.js). 즉, 코드가 변경되면 해시도 변경되어 완전히 다른 파일이 되어 버립니다. 따라서 캐시를 아무리 오래 적용해도 HTML만 최신 상태라면 자바스크립트나 CSS 파일은 당연히 최신 리소스를 로드할 것입니다. 이미지도 마찬가지입니다.

정리해 보면 그림 3-67과 같습니다. 여기서 31536000이라는 값은 1년을 의미합니다. 사실상 반영구적인 기간이라고 볼 수 있습니다.

HTML    no-cache

JS      public, max-age=31536000

CSS     public, max-age=31536000

IMG     public, max-age=31536000

그림 3-67 리소스 종류별 캐시 설정

그럼 이 값으로 다시 코드를 수정해 보겠습니다. 파일의 종류는 path.endsWith 메서드를 이용하여 구분할 수 있습니다.

```
const header = {
  setHeaders: (res, path) => {
    if(path.endsWith('.html')) {
      res.setHeader('Cache-Control', 'no-cache')
    } else if(path.endsWith('.js') || path.endsWith('.css') ||
              path.endsWith('.webp'))
    {
      res.setHeader('Cache-Control', 'public, max-age=31536000')
    } else {
      res.setHeader('Cache-Control', 'no-store')
    }
  },
}
```

**리소스 타입별로 다른 캐시 적용**

코드를 간단하게 살펴보면 HTML 파일에는 no-cache를, 자바스크립트와 CSS, WebP 파일에는 캐시를 적용하고 있습니다. 그리고 그 외 파일들은 no-store로 캐시를 적용하지 않습니다. 코드 수정 후, 서버를 종료하고 다시 실행합니다. 그리고 서비스를 확인해 보면 그림 3-68과 같이 캐시가 적용된 모습을 확인할 수 있습니다.

| Name | × Headers Preview Response Initiator Timing |
|---|---|
| ▤ localhost | ▼ **General** |
| ✔ main.2ebd158f.c... | Request URL: http://localhost:5000/static/css/main.2ebd158f.chunk.css |
| ☉ 2.e568eb32.chu... | Request Method: GET |
| ☉ main.bb8aac28.... | Status Code: ● 200 OK (from memory cache) |
| ▨ logo.a53a7a9a.png | Remote Address: [::1]:5000 |
| ⊤ data:font/woff2;c... | Referrer Policy: strict-origin-when-cross-origin |
| ▨ data:image/svg+... | ▼ **Response Headers** |
| ☐ favicon.ico | Accept-Ranges: bytes |
| ☐ manifest.json | Cache-Control: public, max-age=31536000 |
| ☐ logo192.png | Connection: keep-alive |
| ☐ _banner-video.a... | Content-Length: 634801 |
| 11 requests │ 6.1 MB | |

그림 3-68 수정된 Cache-Control 헤더

## 불필요한 CSS 제거

마지막으로 불필요한 CSS를 제거하여 최적화하는 기법을 알아봅시다. 이 방법을 적용하기 전에 우선 npm run serve 스크립트로 실행된 서비스를 Lighthouse로 검사해 봅시다. 주목할 부분은 Opportunities 섹션의 'Reduce unused CSS' 항목입니다.

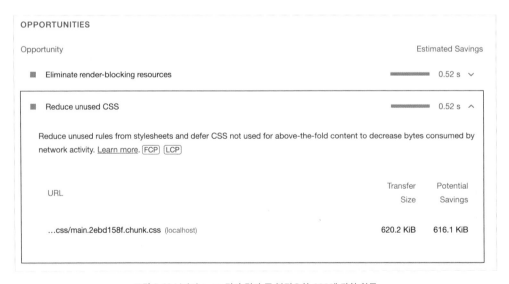

그림 3-69 Lighthouse 검사 결과 중 불필요한 CSS에 관한 항목

해당 항목은 사용하지 않는 CSS 코드를 제거하면 성능에 긍정적인 영향을 줄 수 있다는 의미입니다. 세부 내용을 살펴보면 main.chunk.css가 620KiB인데, 사용하지 않는 코드를 제거하면 616KiB를 줄일 수 있다고 합니다.

조금 더 자세하게 살펴보기 위해 Lighthouse가 아닌 Coverage 패널을 이용해 보겠습니다. Coverage 패널은 페이지에서 사용하는 자바스크립트 및 CSS 리소스에서 실제로 실행하는 코드가 얼마나 되는지 알려 주며 그 비율을 표시해 줍니다. 따라서 이 패널을 통해 서비스 코드에 불필요한 코드가 얼마나 있는지 확인할 수 있습니다.

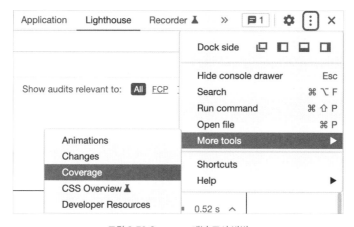

그림 3-70 Coverage 패널 표시 방법

Coverage 패널은 크롬 개발자 도구에서 찾을 수 있고, 열어 보면 다음과 같은 화면을 볼 수 있습니다.

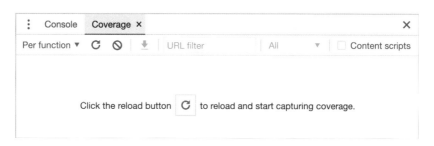

그림 3-71 Coverage 패널

사용법은 간단합니다. 상단의 새로고침 버튼을 클릭하면 됩니다. 그러면 페이지가 새로고침되면서 그 과정에서 실행한 코드를 리소스별로 표시해 줍니다.

| Console | Coverage × | | | | | ×|
|---|---|---|---|---|---|---|
| Per function ▼  ●  ⊘  ↓ | URL filter | | All ▼ | ☐ Content scripts | | |
| **URL** | **Type** | | **Total B...** | **Unused Bytes** | | **Usage Visu...** |
| http://localhost:5000/st.../main.2ebd158f.chunk.css | CSS | | 634 801 | 629 961 | 99.2% | ▬▬ |
| http://localhost:5000/static/js/2.e568eb32.chunk.js | JS (per function) | | 175 873 | 68 388 | 38.9% | ▬ |
| http://localhost:5000/stat.../main.bb8aac28.chunk.js | JS (per function) | | 17 541 | 4 057 | 23.1% | ▮ |
| http://localhost:5000/ | JS (per function) | | 1 512 | 315 | 20.8% | ▮ |

그림 3-72 Coverage 패널의 검사 결과

오른쪽 Unused Bytes(사용하지 않는 바이트)와 Usage Visualization (사용량 시각화) 항목에서 전체 코드 대비 실행된 코드의 양을 비율로 보여 줍니다. 아래 두 리소스는 사이즈 자체가 작아서 크게 의미가 없지만 위쪽 두 리소스에서는 실행되지 않은 코드가 꽤 많습니다.

먼저 자바스크립트 리소스인 2.chunk.js 파일을 보면 대략 39% 정도의 코드를 실행하고 있지 않다고 나옵니다. 하지만 페이지를 Coverage 패널의 기록이 진행 중인 상태에서 페이지를 이동하고 기타 동작들을 해 보면 점점 코드 사용 비율이 증가합니다. 왜냐하면 자바스크립트의 경우 if문 같은 조건이 걸려 있어 분기되는 코드가 많아 이런 코드는 경우에 따라 실행이 안 됐다가도 특정 동작에 의해 다시 실행되기도 하기 때문입니다. 그렇다 보니 자바스크립트 코드의 커버리지는 어느 정도 감안해야 합니다.

문제는 CSS 리소스입니다. 그림 3-72에 따르면 사용하지 않는 main.chunk. css 파일의 코드가 무려 99%나 된다고 합니다. CSS는 자바스크립트와 다르게 별다른 분기가 있지도 않은데 말이죠. 해당 항목을 눌러 보면 Sources 패널에서 해당 코드가 뜨면서 어떤 코드가 실행되었고 어떤 코드가 실행되지 않았는지 자세히 볼 수 있습니다. 코드 왼쪽에 파란 막대는 해당 코드가 실행되어 적용되었다는 의미이고, 빨간 막대는 실행되지 않았다는 의미입니다.(그림 3-73)

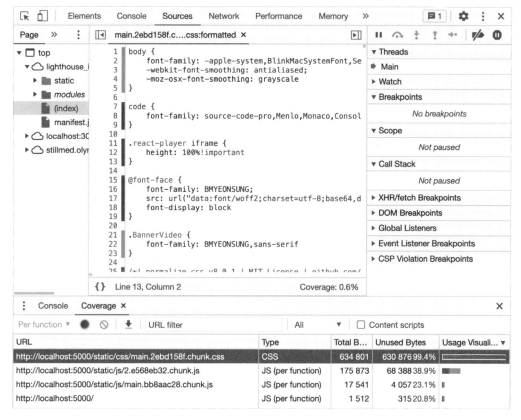

그림 3-73 Coverage 패널을 통해 연 Sources 패널

실행되지 않은 CSS 코드를 살펴보면 상당히 많은 유틸 클래스가 사용되지 않았음을 알 수 있습니다. 이 클래스들은 모두 Tailwind CSS 라이브러리에서 추가된 것으로, 개발할 때는 미리 만들어진 클래스를 통해 쉽고 빠르게 스타일을 적용할 수 있다는 장점이 있었지만 막상 빌드하고 나니 사용하지 않은 스타일도 함께 빌드되어 파일의 사이즈를 크게 만든다는 단점이 있습니다. 그러면 이런 사용하지 않는 CSS 코드를 어떻게 제거할 수 있을까요?

## PurgeCSS

사용하지 않는 CSS 코드를 제거하는 방법은 여러 가지가 있겠지만, 여기서는 PurgeCSS라는 툴을 사용하여 해결하고자 합니다.

그림 3-74 PurgeCSS 홈페이지 메인 화면

PurgeCSS는 파일에 들어 있는 모든 키워드를 추출하여 해당 키워드를 이름으로 갖는 CSS 클래스만 보존하고 나머지 매칭되지 않은 클래스는 모두 지우는 방식으로 CSS 파일을 최적화합니다.

```
<figure class='bg-slate-100 rounded-xl p-8'>
  <div class='pt-6 space-y-4'>PurgeCSS</div>
</figure>
```

그림 3-75 PurgeCSS에서 키워드를 추출하는 기준

예를 들어 그림 3-75와 같은 텍스트 파일이 있을 때, 키워드를 추출하면 figure, class, bg-slate-100, rounded-xl, p-8, div, pt-6, space-y-4 등이 추출될 것입니다. 그럼 추출된 키워드와 Tailwind CSS에서 제공하는 유틸리티 클래스의 이름을 비교하여 일치하는 클래스만 남기는 방식입니다. 이렇게 하면 코드 내에서 사용하지 않은 클래스는 매칭되지 않으므로 CSS 파일에서 제거될 것입니다.

사용 방법은 다양하지만 그중 CLI를 이용한 방법을 사용해 보겠습니다. 먼저 npm을 이용하여 툴을 설치해 줍니다.

```
$ npm install --save-dev purgecss
```

그리고 키워드를 추출하고자 하는 파일과 불필요한 클래스를 제거할 CSS 파일을 지정하면 됩니다.

```
$ purgecss --css ./build/static/css/*.css --output ./build/static/css/
--content ./build/index.html ./build/static/js/*.js
```

여기서는 불필요한 클래스를 제거할 CSS(--css)로 빌드된 CSS 파일을 선택하였고, 아웃풋(--output)으로는 동일한 위치를 지정함으로써 새로운 파일을 생성하는 대신 기존 CSS 파일을 덮어 쓰도록 했습니다. 그리고 키워드를 추출할 파일(--content)로는 빌드된 HTML과 자바스크립트 파일 전부를 넣어 주었습니다. 이렇게 하면 빌드된 HTML과 자바스크립트 파일의 텍스트 키워드를 모두 추출하여 빌드된 CSS 파일의 클래스와 비교하고 최적화하게 됩니다.

앞서 설치한 PurgeCSS는 프로젝트의 devDependency로 설치되었으므로, 위 스크립트를 그대로 실행하면 제대로 실행되지 않을 것입니다. 프로젝트에 설치된 의존성 라이브러리를 사용하기 위해서는 npx를 사용하거나 package.json의 scripts에 넣어 줘야 합니다.

```
"scripts": {
    "start": "-",
    "build": "-",
    "build:style": "-",
    "serve": "-",
    "server": "-",
    "purge": "purgecss --css ./build/static/css/*.css --output ./build/
            static/css/ --content ./build/index.html ./build/static/
            js/*.js"
},
```

스크립트를 추가한 후, npm run purge를 실행하면 별다른 메시지 없이 실행됩니다. 하지만 서비스를 재시작한 후, Coverage 패널을 살펴보면 이전과 달리

CSS 파일의 사이즈와 사용되지 않은 코드의 비율이 달라진 것을 볼 수 있습니다. PurgeCSS에 의해서 매칭되지 않은 클래스가 제거된 것입니다.

| | | | | | |
|---|---|---|---|---|---|
| ⋮ Console | Coverage × | | | | ✕ |
| Per function ▼ ● ⊘ ⬇ | URL filter | | All ▼ | ☐ Content scripts | |
| **URL** | **Type** | **Total B...** | **Unused Bytes** | **Usage Vis... ▼** | |
| http://localhost:5000/static/js/2.e568eb32.chunk.js | JS (per function) | 175 873 | 68 388 38.9% | ▬▬▬ | |
| http://localhost:5000/sta.../main.2ebd158f.chunk.css | CSS | 17 877 | 14 159 79.2% | ▢ | |
| http://localhost:5000/stati.../main.bb8aac28.chunk.js | JS (per function) | 17 541 | 4 057 23.1% | ▪ | |
| http://localhost:5000/ | JS (per function) | 1 512 | 315 20.8% | ▮ | |

그림 3-76 PurgeCSS 실행 후 Coverage 패널의 검사 결과

이제 문제가 해결된 것 같지만, 막상 서비스를 살펴보면 화면이 이상합니다. 일부 스타일이 제대로 적용되지 않은 것처럼 보입니다.

그림 3-77 PurgeCSS 실행 후 스타일이 깨지는 모습

요소 검사를 통해 해당 요소를 살펴보면 lg:m-8과 lg:ml-32 클래스의 스타일이 제대로 정의되어 있지 않은 것을 알 수 있습니다.(그림 3-78) 이 현상은 PurgeCSS가 텍스트 키워드를 추출할 때 콜론(:) 문자를 하나의 키워드로 인식하지 못하고 잘라 버렸기 때문에 생기는 현상입니다. 그래서 lg:m-8이 lg와 m-8이라는 각각 다른 키워드로 인식된 것이죠.

```
▼<div class="ThreeColumns my-16">
  ▼<div class="flex container mx-auto flex-col sm:flex-row">
    flex
    ▼<div class="flex-1 mx-4 lg:m-8 lg:ml-32"> == $0
      ▼<div class="Card text-center">
        ▼<picture>
            <source data-srcset="/static/media/_main1.31e0a4d
            1.webp" type="image/webp" srcset="/static/media/_m
            ain1.31e0a4d1.webp">
            <img data-src="/static/media/_main1.20be7992.jpg"
            src="/static/media/_main1.20be7992.jpg">
          </picture>
          <div class="p-5 font-semibold text-gray-700 text-xl
          md:text-lg lg:text-xl keep-all">롱보드는 아주 재밌습니다.
          </div>
        </div>
      </div>
    </div>
    ▶<div class="flex-1 mx-4 lg:m-8">…</div>
    ▶<div class="flex-1 mx-4 lg:m-8 lg:mr-32">…</div>
  </div>
</div>
```

```
element.style {
}
.mx-4 {                              styles.css:662
    margin-left: 1rem;
    margin-right: 1rem;
}
.flex-1 {                            styles.css:633
    flex: ▶ 1 1;
}
*, :after, :before {                 styles.css:321
    border: ▶ 0 solid ☐#e2e8f0;
}
*, :after, :before {                 styles.css:254
    box-sizing: inherit;
}
div {                        user agent stylesheet
    display: block;
}
Inherited from body
body {                                 index css:3
```

그림 3-78 PurgeCSS 실행 후 특정 클래스의 CSS가 적용되지 않은 모습

다행히 이 문제는 PurgeCSS의 defaultExtractor 옵션을 통해 해결할 수 있습니다. defaultExtractor라는 옵션은 PurgeCSS가 키워드를 어떤 기준으로 추출할지 정의하는 옵션입니다. 이 옵션을 설정하기 위해서는 config 파일이 필요한데요. purgecss.config.js라는 이름으로 아래와 같이 설정을 추가하고 프로젝트 최상단 경로에서 생성하면 됩니다.

```
module.exports = {
  defaultExtractor: (content) => content.match(/[\w\:\-]+/g) || []
}
```

**PurgeCSS의 extractor 함수 수정**

defaultExtractor 옵션에는 함수가 들어가는데, 이 함수는 인자로 대상 파일의 전체 코드를 넘겨받고 문자열 배열을 반환합니다. 인자로 넘겨받은 전체 코드는 match 메서드를 통해 정규식에 만족하는 키워드를 배열 형태로 추출합니다. 그리고 이 문자열 배열이 클래스를 필터링할 텍스트 키워드가 되는 것입니다. 즉, 이 match의 정규식만 수정하면 내가 원하는 형태의 키워드를 추출할 수 있다는 의미입니다. 여기서 사용한 [\w\:\-]+/g는 영문자와 숫자 그리고 밑줄 문자(_)를 의미하는 \w와 이전에 키워드로 인식하지 못했던 콜론(:), 그리고 하이픈(-)으로 이루어진 키워드를 추출하는 정규식입니다. 최종적으로 스크립

트에서 설정 파일의 경로(--config)를 지정하면 됩니다.

```
"scripts": {
    "start": "-",
    "build": "-",
    "build:style": "-",
    "serve": "-",
    "server": "-",
    "purge": "purgecss --css ./build/static/css/*.css --output ./build/
             static/css/ --content ./build/index.html ./build/static/
             js/*.js --config ./purgecss.config.js"
},
```

스크립트에 설정 파일 저장

수정한 내용을 적용하기 위해 빌드 후 PurgeCSS를 다시 실행해 봅시다.

```
$ npm run build
$ npm run purge
```

빌드 후, 빌드된 CSS 파일에서 불필요한 코드 제거

이후 서비스를 확인해 보면 스타일이 제대로 반영되었고, CSS 파일도 굉장히 작아졌음을 확인할 수 있습니다.

---

📦 **PurgeCSS로 사용하지 않는 스타일을 지웠는데도 왜 사용하지 않는 코드 비율이 75%나 될까?**

Coverage 패널은 파일의 코드가 실행되었는지 아닌지 체크합니다. 만약 if 같은 조건문을 통해 분기가 일어났다면 일부 코드는 실행되지 않을 것이고, Coverage 패널에서도 해당 코드는 실행되지 않았다고 체크할 것입니다. 이후 사용자가 서비스를 이용하다 해당 코드가 실행되면, 그때 해당 코드가 실행되었다고 표시하며 Coverage 패널의 결과도 변합니다. CSS도 마찬가지입니다. 페이지에 따라 아직 표시되지 않은 요소들이 있기 때문에 처음부터 모든 CSS 코드가 실행되지 않습니다. 즉, 코드의 실행 비율은 사용자가 서비스를 이용하면서 조금씩 증가합니다.

---

# 4장

**Front-end Performance** Optimization

# 이미지 갤러리 최적화

## 실습 내용 소개

이 장에서 분석할 서비스는 이미지 갤러리 서비스입니다. 이 서비스는 다양한 주제의 이미지를 격자 형태로 보여 줍니다. 헤더에는 Random, Animals, Food, Fashion, Travel이라는 버튼이 있고 해당 버튼을 클릭하면 그에 속하는 이미지를 필터링하여 볼 수 있습니다.

그림 4-1 이미지 갤러리 서비스 화면

그리고 아래 이미지 중 하나를 클릭하면 클릭한 이미지가 큰 화면으로 나타납니다. 이때 배경 색은 이미지 색상과 비슷한 색으로 맞춰집니다.

그림 4-2 이미지 갤러리의 이미지 모달 화면

**이 장에서 학습할 최적화 기법**

이 장에서는 다음과 같은 내용을 실습합니다.

- 이미지 지연 로딩
- 레이아웃 이동 피하기
- 리덕스 렌더링 최적화
- 병목 코드 최적화

### 이미지 지연 로딩

3장에서 이미지가 화면에 표시되는 시점에 맞춰 이미지를 로드하는 이미지 지연 로딩을 적용해 봤습니다. 이번에도 동일하게 이미지 지연 로딩을 적용할 것입니다. 다만 3장에서는 Intersection Observer API를 이용했다면 이번에는 npm에 등록되어 있는 이미지 지연 로딩 라이브러리를 이용하여 이미지 지연 로딩을 적용해 볼 것입니다.

### 레이아웃 이동 피하기

레이아웃 이동(Layout Shift)이란 화면상의 요소 변화로 레이아웃이 갑자기 밀리는 현상을 말합니다. 특히 이미지의 로딩 과정에서 레이아웃 이동이 많이 발생하는데요. 이런 레이아웃 이동은 사용자 경험에 좋지 않은 영향을 줍니다. 따라서 이미지 갤러리 서비스에서 발생하는 레이아웃 이동을 분석하고 해결해 보겠습니다.

### 리덕스 렌더링 최적화

요즘은 Recoil이나 ContextAPI 등 다양한 상태 관리 라이브러리가 있지만, 그럼에도 여전히 많이 사용되고 있는 것이 바로 리덕스(Redux)입니다. 리덕스에는 useSelector라는 훅(Hook)이 있어 손쉽게 리덕스에 저장된 데이터를 가져올 수 있습니다. 하지만 이 과정에서 다양한 성능 문제가 발생하기도 합니다. 따라서 해당 성능 문제를 해결하고 리덕스를 더욱 효율적으로 사용할 수 있는 방법을 알아볼 것입니다.

### 병목 코드 최적화

병목 코드를 찾아 해당 코드를 최적화해 볼 것입니다. 1장에서도 병목 코드를 분석하고 최적화해 봤습니다. 그와 비슷하지만 여기서는 로직을 개선하여 최적화할 뿐만 아니라 메모이제이션(memoization)이라는 방법을 적용하여 성능 문제를 해결해 볼 것입니다.

### 분석 툴 소개

이번 실습에서 사용할 툴을 살펴보겠습니다. 크롬 Network 패널과 Performance 패널, Lighthouse 패널은 앞에서도 사용해 보았습니다. 이 장에서 새로 사용해 볼 툴은 React Developer Tools(Profiler)인데요. 이 툴은 크롬 확장 프로그램으로 설치하면 크롬 개발자 도구에 추가됩니다.

### React Developer Tools(Profiler)

React Developer Tools는 두 가지로 나뉩니다. Profiler 패널과 Components 패널입니다. 이중에서 Profiler 패널을 사용할 것입니다. 이 툴은 리액트 프로젝트를 분석하여 얼마만큼의 렌더링이 발생하였고 어떤 컴포넌트가 렌더링되었는지, 그리고 어느 정도의 시간이 소요됐는지 플레임 차트로 보여 줍니다.

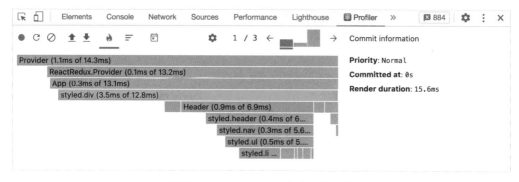

그림 4-3 React Developer Tools의 Profiler 패널

## 서비스 탐색 및 코드 분석

본격적으로 코드를 다운로드하고 서비스를 살펴봅시다.

### 코드 다운로드

이 장에서 분석해 볼 웹 서비스는 다음 깃허브 주소에서 다운로드할 수 있습니다.

🔗URL *https://github.com/performance-lecture/lecture-4*

작업할 공간에서 해당 리포지터리를 복제하면 됩니다.

```
$ git clone https://github.com/performance-lecture/lecture-4.git
```

## 서비스 실행

코드가 다운로드되면 다음 코드를 실행하여 서비스 실행에 필요한 모듈을 설치해 줍니다.

```
$ npm install
```

서비스는 다음 명령어로 실행할 수 있습니다.

```
$ npm run start
```

이 장에서 실습할 서비스에서도 역시 서비스에 필요한 데이터를 전달하는 API 서버가 있습니다. 서버에서는 이미지 갤러리에 표시될 이미지들의 정보를 전달해 주며, 해당 이미지 정보는 db.json에 저장되어 있습니다.

```
{} db.json    ×

server > {} db.json > [ ] photos
  894          {
  895            "id": "2RrbHbE5aP8",
  896            "alt": null,
  897            "urls": {
  898              "small": "https://images.unsplash.com/photo-1465512725239-28f3088a2ad6
  899              "full": "https://images.unsplash.com/photo-1465512725239-28f3088a2ad6?
  900            },
  901            "category": "random"
  902          },
  903          {
  904            "id": "ebQDCDpzl_k",
  905            "alt": "brown and black turtle in water",
  906            "urls": {
  907              "small": "https://images.unsplash.com/photo-1580785634993-34c7601d3c8c
  908              "full": "https://images.unsplash.com/photo-1580785634993-34c7601d3c8c?
  909            },
  910            "category": "animals"
  911          },
```

그림 4-4 DB에 저장된 데이터

서버는 아래 명령어를 통해 실행할 수 있습니다.

```
$ npm run server
```

이렇게 서버를 실행하면 localhost:3000에서 해당 서비스가 뜨는 것을 확인할 수 있습니다.

### 서비스 탐색

서비스를 실행했다면 이미지가 여러 개 나열된 사이트가 뜰 것입니다. 헤더에 있는 버튼을 누르면 이미지가 변경됩니다.

그림 4-5 이미지 갤러리 서비스 화면

또한 이미지 하나를 클릭하면 화면 위로 이미지가 뜨는 것을 볼 수 있습니다. 눈에 띄는 것은 이미지 뒤의 배경 색이 이미지의 전체적인 색상과 비슷하게 맞춰진다는 것입니다. 덕분에 이미지의 분위기를 그대로 느낄 수 있습니다. 하지만 성능 측면에서 살펴봤을 때 신경 쓰이는 부분이 있습니다. 바로 이미지가 늦게 뜬다는 것과 이미지가 뜨고 한참 후에야 배경 색이 변한다는 것입니다.

그림 4-6 이미지 갤러리의 이미지 모달 화면

그 밖에도 서비스 이용에 영향을 주는 문제점이 몇 가지 있는데요. 하나씩 분석하며 최적화해 보겠습니다.

## 코드 분석

이번에는 VSCode를 통해 프로젝트를 열어 봅시다. 그러면 다음과 같은 폴더 구조를 볼 수 있습니다.

```
      └── PhotoListContainer.js       # 이미지 리스트 정보를 리덕스에서 가져오는 컨테이너 컴포넌트
  ├── redux                            # 리덕스 저장소를 모아 둔 폴더
  │   ├── category.js                  # 카테고리의 선택 정보를 저장한 스토어
  │   ├── imageModal.js                # 이미지 모달의 정보를 저장한 스토어
  │   ├── index.js
  │   └── photos.js                    # 이미지 리스트의 정보를 저장한 스토어
  ├── utils
  │   └── getAverageColorOfImage.js    # 이미지의 평균 색상을 구하는 유틸 함수
  ├── App.js
  └── index.js
── README.md
── package-lock.json
── package.json
└── yarn.lock
```

리덕스를 사용하여 서비스를 만들었기 때문에 리덕스 스토어 코드가 redux라는 폴더에 있음을 알 수 있습니다. 그리고 해당 스토어와 연결되는 컨테이너 컴포넌트가 containers라는 폴더에 따로 구현되어 있습니다. 또한 이 컴포넌트 안에서는 리덕스에서 정보를 가져오기 위해 useSelector 혹을 사용하고 있습니다. utils 폴더에는 getAverageColorOfImage라는 함수가 하나 있는데요. 이 함수는 이미지 전체 픽셀 값의 평균을 구해 주는 함수로 이미지 모달이 화면에 떴을 때 뒤 배경 색을 위해 사용됩니다.

몇 가지 중요한 코드를 조금 더 자세히 살펴보겠습니다.

### PhotoListContainer 컴포넌트(src/containers/PhotoListContainer.js)

```js
function PhotoListContainer() {
  const dispatch = useDispatch();

  useEffect(() => {
    dispatch(fetchPhotos());
  }, [dispatch]);

  const { photos, loading } = useSelector(state => ({
    photos:
      state.category.category === 'all'
        ? state.photos.data
        : state.photos.data.filter(photo => photo.category ===
                                   state.category.category),
    loading: state.photos.loading,
  }));
```

```
  if (loading === 'error') {
    return <span>Error!</span>;
  }

  if (loading !== 'done') {
    return <span>loading...</span>;
  }

  return <PhotoList photos={photos} />;
}
```

이 컴포넌트에선 가장 먼저 useEffect 안에서 fetchPhotos를 통해 이미지 리스트를 서버로부터 받아오고 있습니다. 이미지 리스트 정보는 redux/photos.js에서 처리되어 저장되며, PhotoListContainer에서는 useSelector로 저장된 정보를 가져옵니다. 이때 단순히 리스트만 가져오는 것이 아니라 선택된 category에 맞는 이미지를 필터링(filter)하여 불러옵니다. 최종적으로 필터링된 이미지 리스트는 PhotoList 컴포넌트로 전달되어 화면에 그려집니다.

### PhotoItem 컴포넌트(src/components/PhotoItem.js)

```
function PhotoItem({ photo: { urls, alt } }) {
  const dispatch = useDispatch();

  const openModal = () => {
    dispatch(showModal({ src: urls.full, alt }));
  };

  return (
    <ImageWrap>
      <Image src={urls.small} alt={alt} onClick={openModal} />
    </ImageWrap>
  );
}
```

선택된 하나의 이미지를 그리는 컴포넌트입니다. 이미지 갤러리 서비스에서 이미지를 클릭했을 때 모달이 떴었는데요. 그 동작이 openModal이라는 함수에서 구현된 것을 볼 수 있습니다. 이 함수에서는 dispatch에 showModal 함수의 반환 값을 인자로 넘겨 주고 있는데요. 여기서 showModal 함수는 액션 (Action) 생성자로 리듀서(Reducer)에서 특정 동작을 실행하기 위한 정보를 전달해 줍니다. 이해를 위해 해당 코드가 있는 imageModalReducer도 살펴보겠습니다.

**imageModal 스토어(src/redux/imageModal.js)**

```
/** Reducer **/
const { reducer: imageModalReducer } = createSlice({
  name: 'imageModal',
  initialState: {
    modalVisible: false,
    bgColor: { r: 0, g: 0, b: 0 },
    src: '',
    alt: '',
  },
  reducers: {},
  extraReducers: {
    SHOW_MODAL: (state, action) => {
      state.modalVisible = true;
      state.src = action.src;
      state.alt = action.alt;
      state.bgColor = { r: 0, g: 0, b: 0 };
    },
    HIDE_MODAL: state => {
      state.modalVisible = false;
    },
    SET_BG_COLOR: (state, action) => {
      state.bgColor = action.bgColor;
    },
  },
});
```

이 파일에는 리듀서뿐만 아니라 액션과 액션 생성자가 정의되어 있습니다. 그중 리듀서 코드만 살펴봅시다. 리듀서 코드를 보면 SHOW_MODAL이라는 이름의 액션이 들어왔을 때 어떤 동작을 할지 정의되어 있습니다. extra Reducers의 SHOW_MODAL이 그 함수입니다. 이 안에서는 modalVisible 값을 true로 만들고 이미지의 주소를 변경해 줍니다. 이렇게 imageModal 스토어의 상태 값을 바꾸면 이 상태를 구독하고 있는 ImageModalContainer는 해당 상태를 반영하여 ImageModal 컴포넌트를 화면에 띄웁니다.

**ImageModal 컴포넌트(src/components/ImageModal.js)**

```
function ImageModal({ modalVisible, src, alt, bgColor }) {
  const dispatch = useDispatch();
  const onLoadImage = e => {
    const averageColor = getAverageColorOfImage(e.target);
    dispatch(setBgColor(averageColor));
  };

  const closeModal = () => {
    dispatch(hideModal());
  };

  return (
    <Modal
      modalVisible={modalVisible}
      closeModal={closeModal}
      bgColor={bgColor}>
      <ImageWrap>
        <FullImage crossOrigin='*' src={src} alt={alt}
                   onLoad={onLoadImage} />
      </ImageWrap>
    </Modal>
  );
}
```

이미지 모달을 띄우는 컴포넌트입니다. 기본적으로 모달 형태는 Modal 컴포넌트를 이용하여 만들고 그 안에 이미지를 꽉 차게 넣습니다. ImageModal의 props로 넘어오는 modalVisible과 src, alt, bgColor 값은 상위 컴포넌트인 ImageModalContainer에서 전달해 주는 값입니다. 즉, 스토어의 상태 값을 그대로 가져오는 것이죠.

여기서 특이한 것은 모달의 배경 색(bgColor) 이미지가 로드되었을 때, getAverageColorOfImage 함수를 통해 색상이 계산된다는 것입니다. 이미지를 클릭했을 때, 이미지가 뜨고 배경 색이 바뀐 것은 바로 이 코드 때문입니다.

모달이 화면에 표시되는 과정을 한번 정리해 봅시다. 먼저, 사용자는 이미지를 클릭합니다. 이미지가 클릭되면 리덕스에 SHOW_MODAL 액션을 보내고 (dispatch) modalVisible 값을 true로 변경합니다. 그러면 해당 값을 구독하고 있던 ImageModalContainer에서 값을 불러와 ImageModal 컴포넌트로 전달하고, ImageModal 컴포넌트는 해당 이미지를 모달과 함께 화면에 띄웁니다. 이때 이미지가 완전히 로드되면 다시 getAverageColorOfImage를 통해 이미지의 평균 색상을 구하고 해당 값을 리덕스에 저장합니다. 이때 리덕스 스토어의 상태는 다시 변하므로 최종적으로 변경된 bgColor를 ImageModal까지 전달합니다.

### getAverageColorOfImage 함수(src/utils/getAverageColorOfImage.js)

```javascript
export function getAverageColorOfImage(imgElement) {
  const canvas = document.createElement('canvas');
  const context = canvas.getContext && canvas.getContext('2d');
  const averageColor = {
    r: 0,
    g: 0,
    b: 0,
  };

  if (!context) {
    return averageColor;
  }

  const width = (canvas.width =
    imgElement.naturalWidth || imgElement.offsetWidth ||
    imgElement.width);
  const height = (canvas.height =
    imgElement.naturalHeight || imgElement.offsetHeight ||
    imgElement.height);

  context.drawImage(imgElement, 0, 0);

  const imageData = context.getImageData(0, 0, width, height).data;
  const length = imageData.length;

  for (let i = 0; i < length; i += 4) {
    averageColor.r += imageData[i];
    averageColor.g += imageData[i + 1];
    averageColor.b += imageData[i + 2];
  }
```

```
  const count = length / 4;
  averageColor.r = ～(averageColor.r / count); // ～ => convert to int
  averageColor.g = ～(averageColor.g / count);
  averageColor.b = ～(averageColor.b / count);

  return averageColor;
}
```

앞서 언급했듯이 위 함수는 이미지의 픽셀 값의 평균을 계산하는 함수입니다. 코드를 보면 캔버스(canvas)를 생성하고(document.createElement) 이미지를 그 안에 그린 뒤(context.drawImage), 해당 캔버스에 구해 온 픽셀 값(context.getImageData)을 가져오고 모든 픽셀에 대해 평균 값을 구하고 있습니다.

## 레이아웃 이동 피하기

### 레이아웃 이동이란?

이 장에서는 첫 번째 최적화 실습으로 레이아웃 이동을 피하는 방법에 대해 알아볼 것입니다. 먼저 레이아웃 이동이란 화면상의 요소 변화로 레이아웃이 갑자기 밀리는 현상을 말합니다. 이미지 갤러리 서비스를 새로고침해 보면 레이아웃 이동 현상을 볼 수 있습니다. 이미지가 로드될 때 아래 이미지보다 늦게 로드되는 경우, 뒤늦게 아래 이미지를 밀어내면서 화면에 그려집니다.

레이아웃 이동

그림 4-7 이미지 갤러리에서 발생하는 레이아웃 이동

　　이미지 갤러리에서는 이미지가 워낙 순식간에 로드되기 때문에 제대로 보이지 않을 수도 있지만, 조금 아래쪽에서 렌더링되는 이미지들을 보면 페이지가 로드되는 순간 이상하게 뚝뚝 끊기면서 밀리는 것을 확인할 수 있습니다.

　　이런 레이아웃 이동은 사용자의 주의를 산만하게 만들고 위치를 순간적으로 변경시키면서 의도와 다른 클릭을 유발할 수 있습니다. 즉, 사용자 경험에 좋지 않은 영향을 주는 것이죠. 이 때문에 Lighthouse에서는 웹 페이지에서 레이아웃 이동이 얼마나 발생하는지를 나타내는 지표로 CLS(Cumulative Layout Shift)라는 항목을 두고 성능 점수에 포함했습니다. Lighthouse를 이용하여 직접 검사를 해 보면 다음과 같이 CLS 항목의 점수를 볼 수 있습니다.

## Performance

Values are estimated and may vary. The performance score is calculated directly from these metrics. See calculator.

▲ 0–49　　■ 50–89　　● 90–100

**METRICS**　　　　　　　　　　　　　　　　　　　　　　Expand view

● First Contentful Paint
**0.8 s**

● Time to Interactive
**1.1 s**

● Speed Index
**1.1 s**

■ Total Blocking Time
**180 ms**

■ Largest Contentful Paint
**1.8 s**

▲ Cumulative Layout Shift
**0.438**

그림 4-8 Lighthouse 검사 결과 중 CLS

CLS는 0부터 1까지의 값을 가지며, 레이아웃 이동이 전혀 발생하지 않은 상태를 0, 그 반대를 1로 계산합니다. 그리고 권장하는 점수는 0.1 이하입니다. 하지만 이미지 갤러리 서비스의 점수는 0.438로, 상당히 좋지 않은 상태입니다.

조금 더 직접적인 원인을 파악하기 위해 Performance 패널을 확인해 봅시다. 검사 결과의 Experience 섹션을 보면 Layout Shift라는 이름의 빨간 막대가 표시되는데, 이것은 해당 시간에 레이아웃 이동이 발생하였다는 의미입니다. 이 막대에 커서를 올려놓으면 서비스 화면에서 레이아웃 이동을 유발한 요소를 표시해 줍니다.

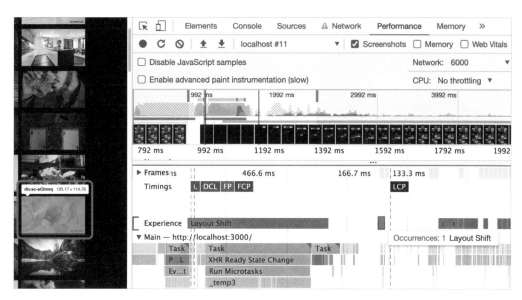

그림 4-9 Performance 패널에서 표시된 레이아웃 이동 정보

### 레이아웃 이동의 원인

레이아웃 이동을 발생시키는 원인은 다양합니다. 그중 가장 흔한 경우를 나열해 보면 아래 네 가지 정도가 있습니다.

- 사이즈가 미리 정의되지 않은 이미지 요소
- 사이즈가 미리 정의되지 않은 광고 요소
- 동적으로 삽입된 콘텐츠
- 웹 폰트(FOIT, FOUT)

이미지 갤러리 서비스에서는 이 네 가지 중 '사이즈가 미리 정의되지 않은 이미지 요소' 때문에 레이아웃 이동이 발생했습니다. 브라우저는 이미지를 다운로드하기 전까지 이미지 사이즈가 어떤지 알 수 없으니 미리 해당 영역을 확보할 수 없습니다. 그렇기 때문에 이미지가 화면에 표시되기 전까지는 해당 영역의 높이(또는 너비)가 0입니다. 그러다 이미지가 로드되면 높이가 해당 이미지의 높이로 변경되면서 그만큼 다른 요소들을 밀어내는 것입니다.

광고의 경우도 마찬가지입니다. 흔히 광고에는 이미지나 영상 콘텐츠가 많이 사용되는데, 콘텐츠 사이즈가 제각각인 경우 브라우저에서 미리 해당 영역을 확보하지 못해 이미지에서와 마찬가지로 광고가 로드될 때 다른 요소를 밀어냅니다. 동적으로 삽입된 콘텐츠는 말 그대로 새로운 요소가 추가되면서 다른 요소를 밀어내는 것입니다. 웹 폰트는 3장에서 살펴봤습니다. 폰트에 따라 글자의 크기가 조금씩 다른데, 이러한 차이 때문에 다른 요소의 위치에 영향을 줄 수 있습니다.

## 레이아웃 이동 해결

이런 레이아웃 이동은 어떻게 해결할 수 있을까요? 사실 답은 이미 나와 있습니다. 바로 레이아웃 이동을 일으키는 요소의 사이즈를 지정하면 됩니다. 레이아웃 이동은 대부분 사이즈가 미리 정의되어 있지 않은 요소 때문에 발생한다는 것을 알 수 있습니다. 즉, 해당 요소의 사이즈를 미리 예측할 수 있다면 또는 이미 알고 있다면 해당 사이즈만큼 공간을 확보해 놓는 것입니다.

하지만 이미지 갤러리의 이미지 사이즈는 브라우저의 가로 사이즈에 따라 변합니다. 따라서 단순히 너비와 높이를 고정하는 것이 아니라 이미지의 너비, 높이 비율로 공간을 잡아 두면 됩니다. 이미지 리스트에서 사용하는 이미지 비율은 16:9입니다.(그림 4-10)

이미지 크기를 비율로 설정하는 방법은 크게 두 가지가 있습니다. 그중 전통적인 방법은 padding을 이용하여 박스를 만든 뒤, 그 안에 이미지를 absolute로 띄우는 방식입니다.

```
<html lang="en">
▶<head>…<
▼<body>
    <noscr                                                          pt>
  ▼<div i
    ▼<div
      ▶<h
      ▼<d              Rendered size:  205 × 115 px
        ▶.          Rendered aspect ratio:  41 : 23
        ▶.             Intrinsic size:  400 × 225 px
        ▶.        (Intrinsic aspect ratio:  16 : 9)
        ▶.                 File size:  4.4 kB
        ▶.            Current source:  https://images.unsplash.com/photo-158088
        ▶.                             9256679-63…crop&ixid=eyJhcHBfaWQiOjE
        ▼.                             xMzQyMX0&t=1661095513042
              <img src="https://images.unsplash.com/photo-1580889256679-63
              a85550fd47?ixlib=rb-1…tinysrgb&w=400&h=225&fit=crop&ixid=eyJ
              hcHBfaWQiOjExMzQyMX0&t=1661095513042" class="sc-jRQAMF jQhvj
              s"> == $0
          </div>
```

그림 4-10 Elements 패널에서 확인한 이미지 비율 정보

```
<div class="wrapper">
  <img class="image" src="..." />
</div>


.wrapper {
  position: relative;
  width: 160px;
  padding-top: 56.25%; /* 16:9 비율 */
}

.image {
  position: absolute;
  width: 100%;
  height: 100%;
  top: 0;
  left: 0;
}
```

이미지의 크기를 비율로 설정하기

이렇게 하면 wrapper의 너비인 160px의 56.25%만큼 상단 여백(padding-top)
이 설정됩니다. 즉, 너비는 160px이 되고 높이는 90px이 됩니다. 이 상태에서
이미지를 absolute로 넣어 주면 부모 요소인 div와 사이즈가 동일하게 맞춰집

니다. 16:9의 이미지가 화면에 표시되는 것이죠. 만약 16:9가 아니라 1:1 비율로 표시해야 한다면 padding-top을 100%로 설정하면 됩니다.

padding을 이용하여 비율을 맞춰 주긴 했지만, padding의 퍼센트를 매번 계산해야 하고 코드가 직관적이지 않습니다. 이러한 불편한 점 때문에 두 번째 방법이 나왔습니다. 바로 aspect-ratio라는 CSS 속성을 이용하는 방법입니다.

```css
.wrapper {
  width: 100%;
  aspect-ratio: 16 / 9;
}

.image {
  width: 100%;
  height: 100%;
}
```

aspect-ratio 속성을 이용한 방법

padding을 이용한 방법과 달리 코드가 간단합니다. aspect-ratio 속성에 비율만 명시해 주면 됩니다. 자식 요소인 이미지에 absolute를 적용할 필요도 없습니다. 하지만 언제나 그렇듯 최신 기술에는 호환성 문제가 있습니다. aspect-ratio 속성도 브라우저의 일부 버전에서는 지원하지 않을 수 있어서 호환성을 잘 체크한 후 적용해야 합니다.[1]

| | Chrome | Edge | Firefox | Opera | Safari | Chrome Android | Firefox for Android | Opera Android | Safari on iOS | Samsung Internet | WebView Android |
|---|---|---|---|---|---|---|---|---|---|---|---|
| aspect-ratio | ✓ 88 … | ✓ 88 … | ✓ 89 … | ✓ 74 … | ✓ 15 | ✓ 88 … | ✓ 89 | ✓ 63 | ✓ 15 | ✓ 15.0 | ✓ 88 |

그림 4-11 aspect-ratio 속성의 호환성 표

1 초록색으로 표시된 숫자는 aspect-ratio를 지원하기 시작한 브라우저의 버전을 의미합니다.

따라서 여기서는 padding을 이용한 방법으로 적용해 보겠습니다. 수정할 컴포넌트는 PhotoItem 컴포넌트이며 단순히 스타일만 변경하면 되므로, 다음과 같이 styled-components 코드만 수정하면 됩니다.

```jsx
function PhotoItem({ photo: { urls, alt } }) {
  /* 생략 */

  return (
    <ImageWrap>
      <Image src={/* 생략 */} alt={alt} onClick={openModal} />
    </ImageWrap>
  );
}

const ImageWrap = styled.div`
  /* 너비는 상위 컴포넌트인 PhotoList 컴포넌트에서 정의됨 */
  width: 100%;
  padding-bottom: 56.25%;
  position: relative;
`;

const Image = styled.img`
  cursor: pointer;
  width: 100%;
  position: absolute;
  height: 100%;
  top: 0;
  left: 0;
`;
```

PhotoItem 컴포넌트 이미지 사이즈를 비율로 설정

이미지 갤러리를 새로고침해 보면 이전과 달리 밀리는 현상 없이 고정적인 위치에서 이미지가 렌더링되는 것을 볼 수 있습니다. 눈으로만 보면 정확하지 않으니 Lighthouse와 Performance 패널에서도 확인해 봅시다.(그림 4-12) Lighthouse의 CLS는 0이 나왔습니다! 레이아웃 이동이 발생하지 않았다는 뜻입니다.(그림 4-13) Performance 패널에서는 레이아웃 이동이 발생했다고 표시되긴 하지만, 확인해 보면 이미지에서 발생한 것이 아니라 헤더에서 발생한 것입니다. 그 뒤로 이미지가 로드되는 시점들을 보면 이전에 있었던 레이아웃 이동이 전부 사라진 것을 알 수 있습니다.

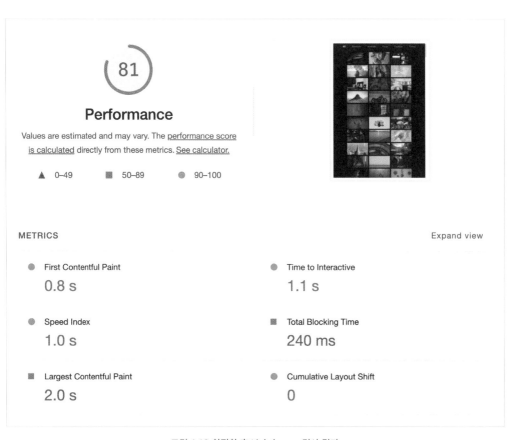

그림 4-12 최적화 후 Lighthouse 검사 결과

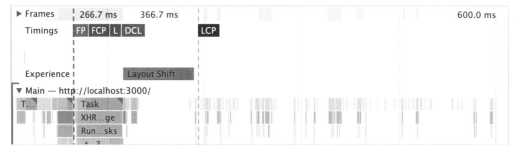

그림 4-13 최적화 후 Performance 검사 결과

# 이미지 지연 로딩

3장에서 이미지 지연 로딩 기법을 배웠고 홈페이지에 적용해 봤습니다. 그때는 Intersection Observer API를 사용했습니다. 동일한 기능이지만 이번에는 Intersection Observer API가 아닌 react-lazyload라는 라이브러리를 이용하여 빠르게 이미지 지연 로딩을 적용해 볼 것입니다.

먼저 react-lazyload 라이브러리를 설치합니다.

```
$ npm install --save react-lazyload
```

react-lazyload 설치

사용법은 간단합니다. 해당 라이브러리를 import하여 지연 로드하고자 하는 컴포넌트를 감싸 주면 됩니다.

```
import LazyLoad from 'react-lazyload';

function Component() {
  return (
    <div>
      <LazyLoad>
        <img src='이미지 주소' />
      </LazyLoad>
    </div>
  );
}
```

react-lazyload 예제

이렇게 코드를 작성하면 LazyLoad의 자식으로 들어간 요소들은 화면에 표시되기 전까지는 렌더링되지 않다가 스크롤을 통해 화면에 들어오는 순간 로드됩니다. 여기서 중요한 것은 단순히 이미지뿐만 아니라 일반 컴포넌트도 이 안에 넣어 지연 로드할 수 있다는 것입니다. 물론 Intersection Observer API를 이용해도 컴포넌트를 지연 로드할 수 있지만 그걸 직접 구현하는 데는 시간이 많이 필요할 것입니다.

이번에는 이미지 갤러리 서비스에 직접 적용해 봅시다. 지연 로딩은 이미지를 포함하고 있는 PhotoItem 컴포넌트에 적용하겠습니다.

```
import LazyLoad from 'react-lazyload';

function PhotoItem({ photo: { urls, alt } }) {
  /* 생략 */

  return (
    <ImageWrap>
      <LazyLoad>
        <Image src={/* 생략 */} alt={alt} onClick={openModal} />
      </LazyLoad>
    </ImageWrap>
  );
}
```

PhotoItem에 react-lazyload 적용

이렇게 수정한 후, 이미지 갤러리에서 스크롤해 보면 처음에는 로드되지 않았던 이미지들이 화면에 보일 때 하나씩 로드되는 것을 볼 수 있습니다. 만약 잘 모르겠다면, Network 패널을 띄워 함께 보면 Network 패널에서 지연 로드되는 이미지들이 보일 것입니다.

그런데 한 가지 아쉬운 점이 있습니다. 이미지가 지연 로드되기 때문에 초기 화면의 리소스를 절약할 수 있는 것은 좋으나, 스크롤을 내려 화면에 이미지가 들어올 때 이미지를 로드하기 때문에 처음에는 이미지가 보이지 않고 시간이 지나야 이미지가 보인다는 점입니다. 이 문제를 해결하기 위해서 이미지가 화면에 들어오는 시점보다 조금 더 미리 이미지를 불러와 화면에 들어온 시점에는 이미지가 준비되어 있도록 해야 합니다. 다행히 react-lazyload 라이브러리에서는 그렇게 할 수 있는 옵션을 제공해 주는데, 바로 offset이라는 옵션입니다. 이 옵션에는 얼마나 미리 이미지를 로드할지 픽셀 값으로 넣어 줍니다. 예를 들어 offset을 100으로 설정하면 화면에 들어오기 100px 전에 이미지를 로드하는 식입니다. 여기서는 1000px만큼 미리 로드하도록 설정해 보겠습니다. offset은 LazyLoad의 prop으로 넣어 주면 됩니다.

```
import LazyLoad from 'react-lazyload';

function PhotoItem({ photo: { urls, alt } }) {
  /* 생략 */
```

```
  return (
    <ImageWrap>
      <LazyLoad offset={1000}>
        <Image src={/* 생략 */} alt={alt} onClick={openModal} />
      </LazyLoad>
    </ImageWrap>
  );
}
```

react-lazyload에 offset 설정

offset 값을 1000으로 설정 후, 스크롤해 보면 설정을 하지 않았을 때와 달리 이미지가 미리 준비되어 있음을 확인할 수 있습니다.

## 리덕스 렌더링 최적화

### 리액트의 렌더링

리액트는 렌더링 사이클을 갖습니다. 서비스의 상태가 변경되면 화면에 반영하기 위해 리렌더링 과정을 거칩니다. 그렇기 때문에 렌더링에 시간이 오래 걸리는 코드가 있거나 렌더링하지 않아도 되는 컴포넌트에서 불필요하게 리렌더링이 발생하면 메인 스레드의 리소스를 차지하여 서비스 성능에 영향을 줍니다. 그래서 이번에는 이미지 갤러리 서비스는 어떤 상황에서 리렌더링이 발생하는지, 또 해당 리렌더링이 불필요한 렌더링은 아닌지 분석해 보겠습니다. 이를 위해서 React Developer Tools를 사용할 것입니다.

> **📦 React Developer Tools 설치**
>
> React Developer Tools는 크롬 확장 프로그램으로 크롬 웹 스토어(*https://chrome.google.com/webstore*)에서 설치할 수 있습니다.(그림 4-14) 'Chrome에 추가' 버튼을 클릭하면 설치되며, 설치 후 새 탭으로 크롬 개발자 도구를 열면 Components와 Profiler라는 패널이 생성되어 있음을 볼 수 있습니다.(그림 4-15)
>
> Components는 크롬 개발자 도구의 Elements 패널과 비슷하게 리액트의 컴포넌트를 계층 구조로 탐색할 수 있는 툴이며, Profiler는 리액트의 렌더링이 어느 시점에 일어났는지 분석하는 툴입니다.

그림 4-14 크롬 웹 스토어의 React Developer Tools

그림 4-15 크롬 개발자 도구에 추가된 Components, Profiler 패널

Components 패널의 설정(✿) 버튼을 클릭하면 다양한 설정을 할 수 있는 창이 뜨는데요. 그중 'Highlight updates when components render.' 항목을 체크해 줍니다.

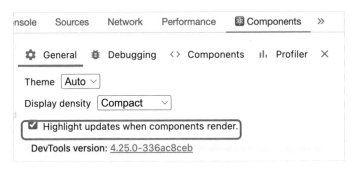

그림 4-16 Components 패널의 옵션

그리고 이미지 갤러리 헤더의 버튼을 눌러 보면 헤더와 이미지에 순간적으로 테두리가 나타는 것을 볼 수 있습니다.(그림 4-17) 이 표시는 해당 요소의 컴포넌트가 리액트 렌더링 사이클에 의해 리렌더링되었음을 의미합니다. 다시 말

해 이 표시를 통해 어떤 컴포넌트가 어느 시점에 리렌디링되있는지 알 수 있고, 렌더링이 필요없는 경우에는 최대한 렌더링하지 않도록 하여 성능을 최적화하는 것입니다.

그림 4-17 컴포넌트 렌더링 시 표시되는 테두리

그런데 이상한 점이 있습니다. 이미지를 클릭해서 이미지 모달을 띄웠을 때, 모달만 렌더링되지 않고 모달과 전혀 상관이 없는 헤더와 이미지 리스트 컴포넌트까지 리렌더링되고 있습니다.

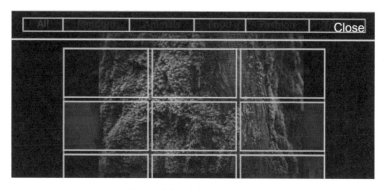

그림 4-18 모달이 열릴 때 리렌더링되는 헤더와 이미지 리스트 컴포넌트

이 현상은 총 세 번 일어나는데요. 모달을 띄우는 순간과 모달의 이미지가 로드된 후 배경 색이 바뀌는 순간, 그리고 모달을 닫는 순간입니다.

물론 지금은 서비스의 규모가 크거나 함께 리렌더링되는 요소들이 무겁지는 않아서 체감상 많이 느리다는 느낌을 주지는 않습니다. 하지만 뒤에 무거운 요소들이 있고 리렌더링에 많은 리소스를 사용한다면 서비스 이용 시 버벅거리는 느낌이 있을 수 있습니다. 따라서 이번에는 이런 불필요한 렌더링을 제거하는 최적화 기법을 적용해 볼 것입니다.

## 리렌더링의 원인

이런 원하지 않는 리렌더링은 왜 발생하는 것일까요? 결론부터 말하면 리덕스 때문입니다. 서비스에서 사용하는 이미지 리스트와 헤더의 카테고리, 그리고 모달에 관한 정보는 리덕스에서 관리합니다. 컴포넌트들은 이 리덕스의 상태를 구독하여 상태가 변했을 때를 감지하고 리렌더링합니다. 즉, 리덕스 상태를 구독하고 있는 컴포넌트는 리덕스 상태 변화에 따라 불필요하게 리렌더링될 수 있다는 의미입니다.

이미지 갤러리도 마찬가지입니다. 실제 코드에서 모달이 뜨는 과정을 돌이켜보면, PhotoItem 컴포넌트에서 dispatch를 통해 imageModal 스토어의 상태를 변경했었습니다. 이 과정에서 리덕스의 전체적인 상태는 변하고, 이 상태 변화는 리덕스를 구독하고 있는, 즉 useSelector를 사용하고 있는 컴포넌트에 신호를 보냅니다. 신호를 받은 컴포넌트는 리덕스의 상태 변화에 따라 컴포넌트를 리렌더링하게 되는 것입니다.

하지만 리덕스에서 변경된 상태는 모달에 관련된 상태이지, PhotoListContainer에서 구독하고 있는 category나 photos 상태가 아닙니다. 상식적으로는 서로 전혀 영향을 주지 않아야 되는 것이죠. 그런데 왜 여기서는 서로 관련 없는 상태임에도 리렌더링이 되는 것일까요?

그 이유는 useSelector의 동작 방식에 있습니다. useSelector는 서로 다른 상태를 참조할 때는 리렌더링을 하지 않도록 구현되어 있습니다. 하지만 그 판단 기준이 useSelector에 인자로 넣은 함수의 반환 값입니다. 반환 값이 이전 값과 같다면 해당 컴포넌트는 리덕스 상태 변화에 영향이 없다고 판단하여 리렌더링을 하지 않고, 반환 값이 이전 값과 다르면 영향이 있다고 판단하여 리렌더링을 합니다.

이런 기준을 이해하고 다시 PhotoListContainer의 useSelector 코드를 살펴보면 인자로 들어간 함수가 객체(object)를 반환하는 것을 볼 수 있습니다.

```
const { photos, loading } = useSelector(state => ({
  photos:
    state.category.category === 'all'
      ? state.photos.data
      : state.photos.data.filter(
          photo => photo.category === state.category.category
        ),
  loading: state.photos.loading,
}));
```

객체를 반환하는 PhotoListContainer의 useSelector

객체 내부의 photos와 loading의 값을 보면 달라진 게 없어 보일 수 있지만, 객체를 새로 만들어서 새로운 참조 값을 반환하는 형태이므로 useSelector는 리덕스를 통해 구독한 값이 변했다고 판단합니다. 따라서 useSelector를 사용할 때 함수가 객체 형태를 반환하게 하면 매번 새로운 값으로 인지하여 상관없는 리덕스 상태 변화에도 리렌더링이 발생하는 것입니다.

이것은 ImageModalContainer와 Header도 마찬가지입니다.

```
const { modalVisible, bgColor, src, alt } = useSelector(state => ({
  modalVisible: state.imageModal.modalVisible,
  bgColor: state.imageModal.bgColor,
  src: state.imageModal.src,
  alt: state.imageModal.alt,
}));
const { category } = useSelector(state => ({
  category: state.category.category,
}));
```

ImageModalContainer 컴포넌트의 useSelector

## useSelector 문제 해결

이 문제를 해결하는 방법은 크게 두 가지가 있습니다. 객체를 새로 만들지 않도록 반환 값을 나누는 방법과 Equality Function을 사용하는 방법입니다.

### 객체를 새로 만들지 않도록 반환 값 나누기

첫 번째 방법은 객체로 묶어서 반환하면 참조가 바뀌어 버리므로 객체를 반환하지 않는 형태로 useSelector를 나누는 방법입니다. 이 방법으로 ImageModal-Container의 useSelector 코드를 수정하면 다음과 같습니다.

```
const modalVisible = useSelector(state => state.imageModal.
modalVisible);
const bgColor = useSelector(state => state.imageModal.bgColor);
const src = useSelector(state => state.imageModal.src);
const alt = useSelector(state => state.imageModal.alt);
```

각 값을 개별적으로 읽어 오는 useSelector

객체로 묶어서 한 번에 반환하던 것을 단일 값으로 반환하고 있습니다. 이렇게 하면 참조 값이 바뀌는 것이 아니므로, useSelector가 반환하는 값은 다른 상태 변화에 영향을 받지 않을 것이고, 리렌더링을 발생시키지 않을 것입니다.

Header 컴포넌트는 처음부터 하나의 값만 반환하고 있으므로 굳이 객체로 반환할 필요가 없습니다. 따라서 객체 형태를 걷어내 줍니다.

```
const category = useSelector(state => state.category.category);
```

Header의 useSelector에서 반환 형태 수정

### 새로운 Equality Function 사용

두 번째 방법은 Equality Function을 사용하는 방법입니다. Equality Function이란 useSelector의 옵션으로 넣는 함수로, 리덕스 상태가 변했을 때 useSelector가 반환해야 하는 값에도 영향을 미쳤는지 판단하는 함수입니다. 쉽게 말해 이전 반환 값과 현재 반환 값을 비교하는 함수입니다. 만약 두 값이 동일하면 리렌더링을 하지 않고, 다르면 리렌더링을 하는 식이죠.

Equality Function은 useSelector의 옵션으로 넣는데, 직접 구현하여 넣을 수도 있고 리덕스에서 제공하는 함수를 사용할 수도 있습니다. 여기서는 리덕스에서 제공하는 함수를 이용하여 ImageModalContainer에 다시 적용해 봅시다.

```
const { modalVisible, bgColor, src, alt } = useSelector(
  state => ({
    modalVisible: state.imageModal.modalVisible,
    bgColor: state.imageModal.bgColor,
```

```
    src: state.imageModal.src,
    alt: state.imageModal.alt,
  }),
  shallowEqual
);
```

ImageModalContainer의 useSelector에 Equality Function 추가

반환 방식은 이전과 다르지 않지만, 두 번째 인자로 shallowEqual이라는 값을 반환하고 있습니다. 이것은 리덕스에서 제공하는, 객체를 얕은 비교하는 함수입니다. 즉, 참조 값을 비교하는 것이 아니라 객체 내부에 있는 modalVisible, bgColor, src와 alt를 직접 비교하여 동일한지 아닌지 판단합니다.

그럼 이 방식으로 PhotoListContainer도 수정해 보겠습니다.

```
const { photos, loading } = useSelector(
  state => ({
    photos:
      state.category.category === 'all'
        ? state.photos.data
        : state.photos.data.filter(
            photo => photo.category === state.category.category
          ),
    loading: state.photos.loading,
  }),
  shallowEqual
);
```

PhotoListContainer의 useSelector에 Equality Function 추가

수정 후, 서비스의 All 카테고리에서 이미지 모달을 띄우면 이전과 달리 뒤의 이미지 리스트가 렌더링되지 않습니다. 하지만 다른 카테고리에서 이미지 모달을 띄워 보면 여전히 모달과 상관없는 이미지 리스트가 리렌더링되는 것을 볼 수 있습니다. 왜 그럴까요? useSelector의 원리를 생각해 보면 답을 알 수 있습니다. 바로 filter 메서드 때문입니다. 카테고리가 all이 아니면 filter 메서드를 통해 필터링된 이미지 리스트를 가져오는데요. 이때 가져온 이미지 리스트, 즉 배열은 새롭게 만들어진 배열이기 때문에 이전에 만들어진 배열과 참조 값이 달라집니다. 따라서 filter로 새로운 배열을 꺼내는 대신 state.photos.data와 state.category.category를 따로 꺼낸 후, useSelector 밖에서 필터링해야 합니다.

```
const { category, allPhotos, loading } = useSelector(
  state => ({
    category: state.category.category,
    allPhotos: state.photos.data,
    loading: state.photos.loading,
  }),
  shallowEqual
);

const photos =
  category === 'all'
    ? allPhotos
    : allPhotos.filter(photo => photo.category === category);
```

이미지의 필터링 작업 분리

이렇게 하면 모달을 띄워도 이미지 리스트가 리렌더링되지 않음을 확인할 수 있습니다.

## 병목 코드 최적화

이번에는 병목 코드를 찾아내고 최적화해 보도록 하겠습니다.

### 이미지 모달 분석

1장에서처럼 병목 코드를 찾기 위해 Performance 패널을 이용할 것입니다. 무작정 Performance 패널로 검사를 하기보다는, 서비스 이용 과정에서 느리거나 문제가 있다고 판단되는 부분을 찾아 검사해 볼 것입니다. 이미지 갤러리 서비스에서는 크게 3가지 지점을 확인해 볼 수 있습니다. 페이지가 최초로 로드될 때와 카테고리를 변경했을 때, 그리고 이미지 모달을 띄웠을 때입니다. 직접 이미지 갤러리를 탐색해 보면 페이지 로딩 과정과 카테고리 변경 과정에서는 별로 느린 느낌이 없습니다. 하지만 이미지를 클릭해서 이미지 모달을 띄웠을 때는 이미지도 늦게 뜨고 배경 색도 늦게 변하는 것을 볼 수 있습니다. 이미지가 늦게 뜨는 것은 이미지의 사이즈 때문에 어쩔 수 없겠지만, 배경 색이 늦게 뜨는 원인은 살펴볼 필요가 있겠습니다.

　모달이 뜨는 과정에서 메인 스레드의 작업을 확인하려면, 화면이 완전히 로드된 상태로 Performance 패널의 새로고침 버튼이 아닌 기록 버튼을 클릭합니다. 그리고 이미지를 클릭하여 모달을 띄운 뒤 기록 버튼을 다시 누르면 기록이 종료됩니다. 필요에 따라 네트워크 및 CPU에 throttling 옵션을 설정해도 됩니다.

그림 4-19 Performance 패널로 검사한 모달이 뜨는 과정

검사를 완료하면 그림 4-19와 같은 결과를 확인할 수 있습니다. 먼저 ❶번에서는 이미지 클릭으로 인해 이미지 모달이 뜹니다. 이미지 모달이 뜨면 모달 안의 이미지를 로드해야 하기 때문에 Network 섹션에서 이미지가 다운로드되는 것을 볼 수 있습니다. 이미지가 모두 다운로드되면 ❷번으로 넘어갑니다. 식별할 수 있는 작업 이름이 딱히 없어서 헷갈릴 수 있지만, 이미 모달이 뜨고 이미지가 로드된 다음에 실행되는 작업이 딱 하나 있음을 알고 있습니다. 바로 getAverageColorOfImage 함수입니다. 작업의 제일 마지막을 보면 Image Decode라는 작업이 보이는데요. 이 작업에서 이미지에 관한 처리 작업을 하고 있음을 알 수 있습니다. 실제로 이 Image Decode 작업은 drawImage 함수의 하위 작업입니다. 마지막으로 해당 작업이 끝나고 ❸번과 같이 새롭게 렌더링되면서 변경된 배경화면이 화면에 보입니다.

## getAverageColorOfImage 함수 분석

그림 4-19를 보면 getAverageColorOfImage 함수가 굉장히 느리다는 것을 명확하게 알 수 있습니다. 이 함수는 이미지의 평균 픽셀 값을 계산하는 함수로 캔버스에 이미지를 올리고 픽셀 정보를 불러온 뒤 하나씩 더해서 평균을 내고 있습니다. 즉, 큰 이미지를 통째로 캔버스에 올린다는 점과 반복문을 통해 가져온 픽셀 정보를 하나하나 더하고 있다는 점에서 느린 것입니다.

이 코드를 두 가지 방법으로 최적화해 보려고 합니다. 함수에 메모이제이션이라는 기법을 적용하는 방법과 함수 자체의 로직을 개선하는 방법입니다.

### 메모이제이션으로 코드 최적화하기

메모이제이션이란 한 번 실행된 함수에 대해 해당 반환 값을 기억해 두고 있다가 똑같은 조건으로 실행되었을 때 함수의 코드를 모두 실행하지 않고 바로 전에 기억해 둔 값을 반환하는 기술입니다. 여기서 조건이란 함수에서 인자 값을 의미합니다. 동일한 인자가 들어오면 결국 반환 값도 같을 테니 가능한 방법이죠.

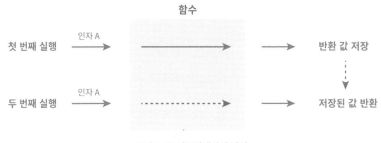

그림 4-20 메모이제이션 과정

예를 들어 인자를 제곱하는 함수에 메모이제이션을 적용해 보면 다음과 같습니다.

```
const cache = {}; // 함수의 반환 값을 저장하기 위한 변수

function square(n) {
  if (cache[n]) { // 이미 저장된 값이라면 기존 값을 그대로 반환
    return cache[n];
  }
```

```
  const result = n * n;

  cache[n] = result; // 다음에 저장된 값을 사용할 수 있도록 저장

  return result;
}
```

제곱 함수에 메모이제이션 적용 예시

메모이제이션을 적용하는 대상이나 방식에 따라 코드는 달라질 수 있지만, 결과를 저장해 두고 재활용한다는 개념은 동일합니다.

이번에는 getAverageColorOfImage 함수에 적용해 봅시다. 여기서 메모이제이션을 적용할 때 주의할 점은 인자 값이 문자열이나 숫자 형태가 아니라 객체 형태라는 점입니다. 따라서 인자를 그대로 cache의 키(Key)로 사용하는 것이 아니라 인자 객체가 가지고 있는 고유의 값인 src 값을 키로 사용해야 합니다.

```
const cache = {};

export function getAverageColorOfImage(imgElement) {
  if (cache.hasOwnProperty(imgElement.src)) {
    return cache[imgElement.src];
  }

  /* 중략 */

  cache[imgElement.src] = averageColor;

  return averageColor;
}
```

getAverageColorOfImage 함수에 메모이제이션 적용

이렇게 수정한 후, 하나의 이미지에 대해 모달을 여러 번 띄워 보면, 처음 동작에서는 배경 색이 늦게 뜨지만, 이후에는 거의 바로바로 적용되는 것을 볼 수 있습니다. 눈으로 판단하기 힘들다면 Performance 패널에서 확인해 봅시다.

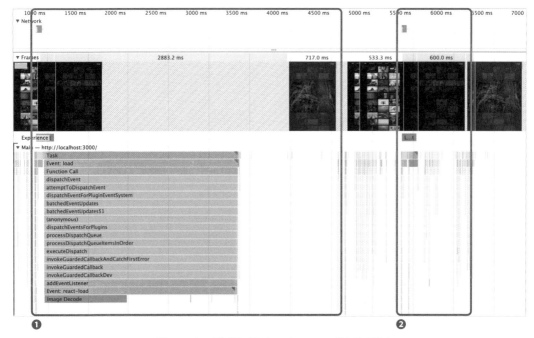

그림 4-21 메모이제이션 적용 후 Performance 패널 검사 결과

동일한 이미지에 대해 첫 번째 실행했을 때(❶)보다 두 번째 실행했을 때(❷) 배경 색이 확실히 더 빠르게 바뀐 것을 확인할 수 있습니다.

> **🗔 메모이제이션의 단점**
>
> 이미 확인했듯이 메모이제이션은 값을 저장하여 재활용하기 때문에 두 번째 실행부터는 성능이 대폭 향상된다는 장점이 있습니다. 하지만 반대로 말하면 첫 번째 실행에서는 여전히 느리다는 것입니다. 만약 항상 새로운 인자가 들어오는 함수는 메모이제이션을 적용해도 재활용할 수 있는 조건이 충족되지 않기 때문에 오히려 메모리만 잡아먹는 골칫거리가 될 뿐입니다. 따라서 메모이제이션을 적용할 때는 해당 로직이 동일한 조건에서 충분히 반복 실행되는지 먼저 체크해야 합니다.

### 함수의 로직 개선

메모이제이션을 통해 동작이 두 번째 실행되는 경우, 실행 시간이 대폭 단축

됐습니다. 하지만 메모이제이션의 단점은 여전히 첫 번째 실행 시에는 변화가 없다는 점입니다. 그래서 이번에는 첫 번째 실행 시간도 단축될 수 있도록 getAverageColorOfImage 함수의 로직 자체를 수정해 볼 것입니다.

먼저 이 함수에서 느린 코드는 캔버스에 이미지를 올리고 픽셀 정보를 불러오는 drawImage와 getImageData 함수, 그리고 모든 픽셀에 대해 실행되는 반복문입니다. 그리고 이 세 가지 코드는 이미지 사이즈에 따라 작업량이 결정됩니다. 즉, 이미지가 작으면 캔버스에 그리는 이미지의 사이즈도 작아져 더 빠르게 처리할 수 있으며, 픽셀 수도 줄어들어 반복문의 실행 횟수도 줄어들 것입니다.

그럼 이미지 사이즈는 어떻게 줄일까요? 여기서 이미지를 작은 사이즈의 이미지로 교체하는 방법을 생각해 볼 수 있습니다. 여기서 작은 사이즈의 이미지란 섬네일 이미지를 말합니다. photos API를 보면 두 개의 이미지를 제공하는데, 하나는 이미지 리스트에 뜨는 섬네일 이미지고 다른 하나는 원본 이미지입니다. 즉, 지금은 원본 이미지로 배경 색을 계산하고 있지만 섬네일 이미지로 배경 색을 계산하게 한다면 작업량이 많이 단축될 것입니다. 또한 원본 이미지로 계산할 때는 원본 이미지가 모두 다운로드된 후에야 배경 색 계산이 가능했지만, 섬네일 이미지를 사용하면 원본 이미지가 다운로드되기 전에 계산할 수 있어 더욱 빠르게 배경 색을 적용할 수 있을 것입니다.

```
{
  "id": "g8RYKZ1C6lY",
  "alt": "multicolored pool in room",
  "urls": {
    "small": "https://images.unsplash.com/photo-1558682550-4275be645064?ixlib=rb-1.
    "full": "https://images.unsplash.com/photo-1558682550-4275be645064?ixlib=rb-1.2
  },
  "category": "travel"
},
{
  "id": "wgLWIcZghgI",
  "alt": "people climbing up stairs towards temple in cave",
  "urls": {
    "small": "https://images.unsplash.com/photo-1557796060-ca324dceb0ca?ixlib=rb-1.
    "full": "https://images.unsplash.com/photo-1557796960-ca324dceb0ca?ixlib=rb-1.2
  },
  "category": "travel"
},
```

그림 4-22 DB에 저장된 이미지 데이터

섬네일 이미지로 계산을 하려면 함수의 인자로 섬네일 이미지를 넘겨줘야겠죠? ImageModal 컴포넌트에서는 섬네일 이미지의 요소를 가져올 수 없으니 섬네일 이미지의 요소를 직접 넘겨줄 수 있는 PhotoItem 컴포넌트에서 배경 색을 계산하도록 수정하겠습니다.

```
function PhotoItem({ photo: { urls, alt } }) {
  const dispatch = useDispatch();

  const openModal = e => {
    dispatch(showModal({ src: urls.full, alt }));

    // 섬네일 이미지로 배경색 계산 후, 리덕스에 저장
    const averageColor = getAverageColorOfImage(e.target);
    dispatch(setBgColor(averageColor));
  };

  return (
    <ImageWrap>
      <LazyLoad offset={1000}>
        <Image
          src={urls.small + '&t=' + new Date().getTime()}
          alt={alt}
          onClick={openModal}
          crossOrigin='*'
        />
      </LazyLoad>
    </ImageWrap>
  );
}
```

섬네일 이미지로 배경색 계산

이미지가 클릭된 시점인 openModal 함수에서 이미지 요소(e.target)를 getAverageColorOfImage 함수로 넘겨주고 그 결과로 배경 색을 설정합니다. 그리고 ImageModal에서 배경 색을 설정하는 코드인 onLoad 코드를 제거해 줍니다. 이렇게 하면 원본 이미지가 아닌 섬네일 이미지로 색상을 계산하기 때문에 더욱 빠르고, 원본 이미지가 다운로드되지 않아도 배경 색을 설정할 수 있기 때문에 병렬적으로 배경 색이 설정됩니다. 직접 확인해 보면 이미지 로드 전에 빠르게 배경 색이 적용되는 것을 볼 수 있습니다.

Performance 패널로도 검사해 보겠습니다.

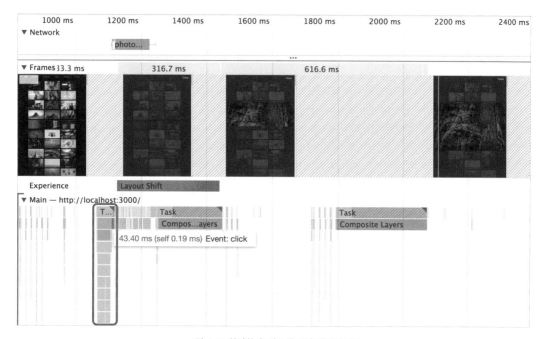

그림 4-23 최적화 후 감소한 모달 렌더링 시간

표시된 부분이 getAverageColorOfImage의 작업인데, 이전에는 작업 시간이 매우 길었던 것과 달리 작업이 매우 빠르게 완료된 것을 볼 수 있습니다.

# 찾아보기